永遠という名の一瞬

十和音《とわね》 響《ひびき》［文］
葉 祥明［絵］

「Planet of Love」 葉 祥明

永遠という名の一瞬　目次

プロローグ

今このページを開いてくれて、
本当にありがとう。
やっとこの長いメッセージが
きみにめぐりあうときが来たね。
このメッセージをきみが今、
目にしているのは、
偶然ではなく必然だ。

今このページを開いてくれて、本当にありがとう。

やっとこの長いメッセージがきみにめぐりあうときが来たね。

このメッセージをきみが今、目にしているのは、偶然ではなく必然だ。

きっときみの人生の中で、めぐりあうべきときにきみはこのメッセージに出会うのだろう。

きみにあてたこのメッセージは何らかのかたちで印刷物になり、どこかできみの目に触れ、きみは自然に手に取って、最初のページをめくってくれるのだろう。

きみがこのメッセージと出会うべき最高のタイミングで……。

きみがこれを読んでくれている今この瞬間が、まさにそのときなのだと思う。


今のきみの人生では、ぼくはもうすでにきみのそばにいるべきときを終えている。

それは誰よりもきみが一番わかってくれていると思う。

でも、それは束の間の別れで、現にぼくはこうして、遠い未来からいつでもきみのそばによりそうことができるのだけれど……。

たぶんきみはなぜぼくがこんなに早くきみのもとから去ってしまったか、今はまだ納得できないかもしれない。

ここまで言えば、すぐにぼくが誰だかわかってくれるね。

今からぼくがきみに話すことは、とても信じられないことかもしれない。

そして突然こんなことを聞かされても、今のきみはただとまどうだけかもしれない。

でも、どうか最後まで静かな、おだやかな心で読んでほしい。

そして、今は信じられなくても、急《いそ》がずに、しばらくの時を経たあとで、きみがきみ自身の意識に合わせて自然に理解をしていってくれればいい。

実はずっと昔にきみと一緒に「この星」に来てから、ぼくはきみとは何度も人生のある時間をともにしてきた。

今まで何度この星に生まれてきみとめぐりあったか、その数を言ったとしてもあまり意味がないだろう。

この星に来る前も、きみとぼくは他のさまざまな星で何度もいのちある存在として生まれ変わり、いのちある時間を分かちあってきているのだから。

きみが今回の一生を終えても、また再び、何度もきみとぼくはめぐりあう。

そして、遠い未来にこの星での滞在を終えたあと、次の星、次の銀河、次の宇宙、次の次元へと旅をつづけていく。

すべてのいのちは永遠に旅をつづける存在で、その中の特別な絆《きずな》で結ばれているふたつの魂がきみとぼくなのだ。

ぼくは今のぼく自身が認知できる限りの宇宙の神秘を、今のきみに伝えたい一心で、この手紙を書いている。

実は、「書いている」という表現も本当は適切ではない。

今は意識だけで肉体というものを持たないぼくは、自分の想いを「文章」という、きみに認識できる「かたち」にして、はるか遠くの時の流れの中にいながら、この星に生きている今のきみへ送り届けているからだ。

もっとも「遠い時、遠い場所」というのは今きみがいる星の常識的な表現を使っているだけのことだ。

ぼくがいるところは、もはや時間や距離の概念《がいねん》を超越した場所なのだ。

たとえば今、ある意味ではぼくはきみのすぐそばにいる。

同時に、ぼくはきみが物理的には触れることができない、はるかかなたの次元にいる。

ぼくはきみにもっとも遠くて、かつきみからもっとも近い場所にいる。


どうして今、突然こんなメッセージを届けているのかと思うかもしれない。

それは、これから誰もが思い出すことになる宇宙の神秘を、いち早くぼくの意識できみに伝えたいからだ。

そして、この宇宙の素晴らしさを、同じ時代を生きている多くのヒトたちの魂へ、きみの意識をとおして伝えていってもらいたいからだ。

その中にはもしかすると、次の人生でめぐりあうぼく自身さえ含まれているかもしれない。

次にヒトの姿できみに出会うぼくは、たぶんこのメッセージに書いてあることは、すべて忘れてしまっているだろうから。

そして何よりも、こうしてきみにメッセージをぼくに託して送ることが、「未来のきみ自身」の願いだからだ。

宇宙の仕組みは想像もつかないほど複雑であり、かつある意味ではシンプルだ。

宇宙に内在する次元は何層にもなっていて、それが無限につづいている。

そしてそのすべてを統合しているひとつの「意志」が存在する。

そしてすべての魂が、すべての存在が、その「意志」のあらわれなのだ。

宇宙はバッハの音楽のように美しく鳴り響いている。

きみがきみ自身であるために、
きみがめぐりあうすべてのヒトたちのために、
そしてすべてのいのちが輝くために、
この広大な宇宙は静かに存在してくれている。

宇宙はガウディの建築のように美しく構成されている。

宇宙はピカソの絵のように奔放なイメージを放っている。

宇宙はゲーテの文学のように自由な想いにあふれている。

どこかの星に小さな不協和音があっても、それはいつか全体のハーモニーの中にとりこまれていき、必ず調和のサイクルにもどっていく。

今、きみが直面している問題はどんな問題であろうと、必ず終わりが来る。

苦しみや憎しみや哀しみはいつかとおり過ぎ、必ず消えていくものなのだ。

目に見えるすべてのものがそうであるように、すべてはうつろう運命にある。

ただ、その中で決して変わらないものがある……。

きみがそれをはっきりと思い出すときが来たのだ。

ぼくはあえて「思い出す」という言葉を使った。

そう、本当はすでにきみはすべてを知っている。

ヒトの魂は、すでに宇宙の神秘をすべて知っているのだ。

誰ひとりの例外もなく、ヒトの魂はすでに「完全」なのだ。

ただ、その記憶はきみの潜在意識の中に封印されていて、まだ思い出すことはできないかもしれない。

それは今までがまだ思い出すべきときではなかったというだけなのだ。


でもその潜在意識の中の記憶が、時折、きみ自身にメッセージを送っているのがわかる。

ヒトは皆、過去だけでなく未来の記憶さえ持っている。

それがすべて潜在意識の中に閉じ込められているのは、ヒトがある素晴らしい能力を学ぶためなのだ。

それは「信じる」という能力……。

ヒトは「信じる」ことだけを学ぶためにこの星に滞在しているといってもいい。

そして「信じる」ことの素晴らしさを体感できるということは、この星に生きているヒトのために与えられた特権のようなものだ。

もちろんすべての答えを見つけていくのはきみ自身だ。

ぼくにできることは、何らかのかたちで時折メッセージを送りながら、きみをここから静かに見守っていることだけなのだ。

でも人生で直面するひとつひとつのさまざまな困難を、きみは必ず乗り越えていけるとぼくは信じている。

きみ自身の力と、きみがめぐりあうことになるすべてのヒトたちの力で。

今、きみのいる星は大きく変わろうとしている。

あるる意識のレベルから次のレベルへと大きく変わろうとしているのだ。

何かが変わるときは、変わろうという力と、元の状態にとどまろうという力が拮抗《きっこう》して、しばらくの間は不安定な状態がつづくかもしれない。

世界中にさまざまな葛藤《かっとう》があふれるかもしれない。

きみ自身の人生においても、さまざまな悲しい現実に直面するかもしれない。

でも間違いなくすべては新しい方向に変わっていく。

それは止めることのできない宇宙の自然な流れなのだ。

移ろいゆくことは宇宙の自然な姿で、少なくともきみが触れあうすべてのものは、例外なく移り変わる運命を持っている。

でも、宇宙には決して変わらないものがある。

そしてそれが何であるかを、きみだけでなく、誰もが思い出すときがもうすぐ来るのだ。

いつ、どこで、どう思い出していくのかはそのヒト自身の意識にすべてかかっている。

なぜなら、すべての魂は根本的に、限りなく自由な存在だからだ。本来すべての魂がそうであるように、誰にも何物にもしばられることのない、この宇宙で唯一無比の、自由でかけがえのない存在がきみだからだ。

宇宙はきみのために、きみがめぐりあうすべてのヒトたちのために、ひいてはかたちあるすべてのいのちのために存在しているといっていい。

きみがきみ自身であるために、誰もがそのヒト自身であるために、そしてすべてのいのちが輝くために、この広大な宇宙は静かに存在してくれている。

そして、そのことをきみが今だんだんと思い出しつつあるのが、ぼくには感じられる。

そんなときだからこそ、このメッセージを今、きみに届けたかったのだ。

これからきみに伝えることは、きみとぼくというふたつの魂の物語であり、同時にすべての魂のたどる物語でもある。

大切な、かけがえのないパートナーへ、無限の愛をこめて。

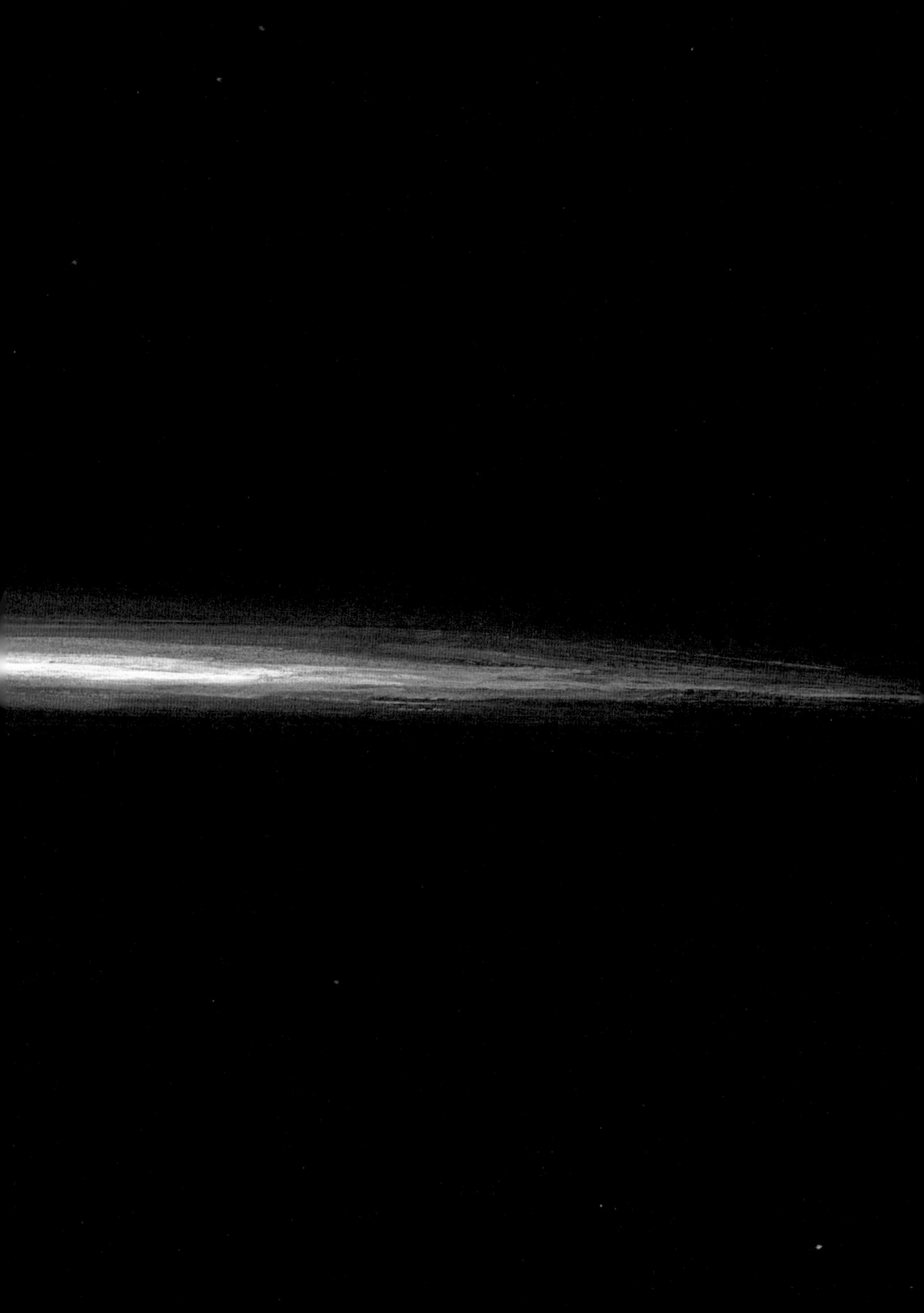

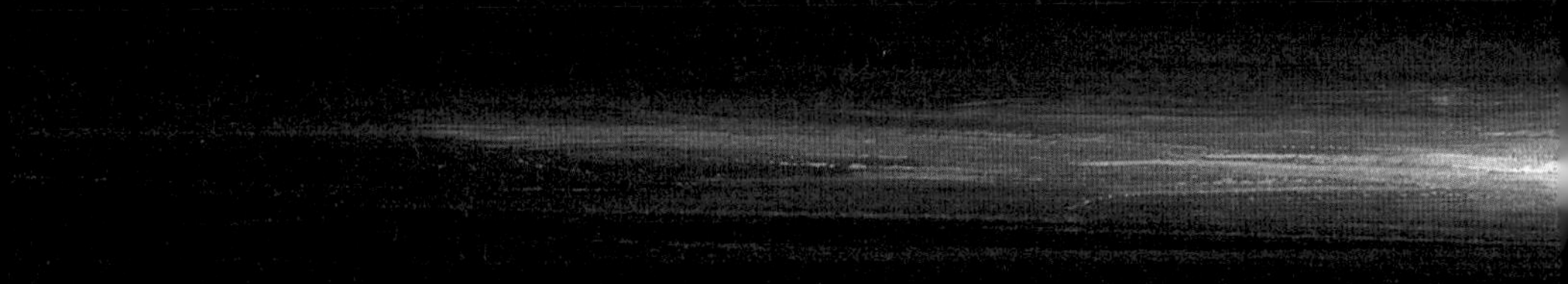

はじめに光があった。
大きさも時間もない
闇だけの「虚無」の世界に、
たったひとつの
この上もなく美しい光があった。

第1部 「創生」

第1楽章

アレグロ・モデラート　～ほどよい速さで～

最初に、きみとぼくという存在がこの宇宙に生まれる前の話を少しだけしよう。

はじめに光があった。

大きさも時間もない闇だけの「虚無《きょむ》」の世界に、たったひとつのこの上もなく美しい光があった。

原初《げんしょ》、その光が「存在」のすべてであり、「意識」のすべてだった。

その光はあるとき突然、分身として、一瞬にして数え切れないほどの光の意識を創造した。

すべての光が限りなく自由な意識を持ち、この世界いっぱいに光り輝くように、というたったひとつの祈りをこめて。

そうやって「虚無」の世界に「創造」という概念が生まれた。

そうして生まれ出た無数の光の意識は、果てしない「虚無」の世界いっぱいに広がった。
すでにそれぞれの意識が自由に光り輝きはじめながら……。
この宇宙が生まれた瞬間だった。
終わりのない壮大な宇宙のパノラマはそうしてはじまった。
やがてそのひとつひとつの光が、さらにそれぞれふたつの光の意識に分かれていった。
そして、その無数の光の意識のペアのひとつが「きみ」と「ぼく」だった。
「きみ」と「ぼく」という存在はそうしてこの宇宙に生まれた。
そしてきみとぼくだけでなく、すべての魂という魂が、そうやって生まれた。
それまでたったひとつの意識だったぼくたちは、突然目覚めるよ

その光はあるとき突然、分身として、
一瞬にして数え切れないほどの
光の意識を創造した。
すべての光が限りなく自由な意識を持ち、
この世界いっぱいに光り輝くように、
というたったひとつの祈りをこめて。

うにお互いの存在を認識した。
「きみ」は「ぼく」という存在をはじめて感じ、「ぼく」も「きみ」という存在をはじめて感じた。
「きみ」と「ぼく」がはじめて別れ出て、はじめて出会った瞬間だった。

一瞬という名の永遠……。

そしてぼくたちの終わりのない旅がはじまった。

第2楽章

アンダンテ

～歩くような速さで～

それは遠い宇宙のかなたの記憶だ。

きみがすぐそばにいる。

ぼくたちはまだ意識だけの存在で、いつもよりそっていた。

ぼくたちの持っているものは「想い」だけだった。

そして、お互いが何かを想うだけで、すべてが通じあった。

かたちのない存在だったので、お互いの存在を確認するためには、ただきみのことを想うだけでよかった。

他には何もいらなかった。

すべてが満たされていた。


意識の大きさをぼくたちは自由に調整することができた。

そもそも魂に定められた大きさなどないからだ。

素粒子《そりゅうし》大の意識、地球の生命体大の意識、惑星大の意識、恒星大の意識、銀河系大の意識、宇宙大の意識、そして無限大（∞）の意識……。

あるときふたりは、お互いの姿を何かの「かたち」にして認識してみたいと思い立った。

ぼくたちはふたつの小さな星になってみた。

赤い星と青い星になって、「かたち」としてはじめてお互いを認識した。

それはまだ物質ではなく、意識でできたかたちだったけれど、お互いの姿をはじめて「かたち」で表現し、それを認識するという喜びに、ぼくらは満たされた。

長い間、ぼくたちはふたつの星として見つめあった。

きみのことをはじめて「美しい」と思った。

そうやってぼくたちはお互いの「かたち」をはじめて「動き」のある姿で認識した。

それからぼくたちは意識の力でいろいろと姿を変え、お互いの存在を確かめあった。
「かたち」がどう変わっても、きみとぼくの意識がそこにある限り、ふたりはひとつだという実感があった。

∞

どこか遠くの星雲の中にふたりはいた。
すでにふたりはここではヒトと同じかたちをした半透明の身体を持っていた。
その身体はまだ物質ではなく、意識の波動がかたちになったものだった。
それはちょうど立体映像のようで、ふたりの思いをかたちにしたものだった。

そのころのぼくたちは、いつでもどこでも自分の身体を瞬時にかたちにすることができた。

その身体のまま、宇宙空間を自由自在に飛ぶことができた。

何億光年もかなたの別の星雲へ、瞬時に自分の意識と身体を移動することもできた。

透きとおった身体の中で光る、きみの魂が見えた。

それはちょうどヒトの姿の心臓のあたりでほんのりと白く光っていた。

声や言葉はまだ必要なかった。

意識だけで伝えたいことをすべて伝えあうことができたからだ。

お互いの記憶や感情をそのまま相手に送ることさえできた。

希望と夢だけですべてが存在していた。
すべての魂の営みは、
さまざまなかたちの希望と夢を作り出し、
それを分かち合うこととイコールだった。

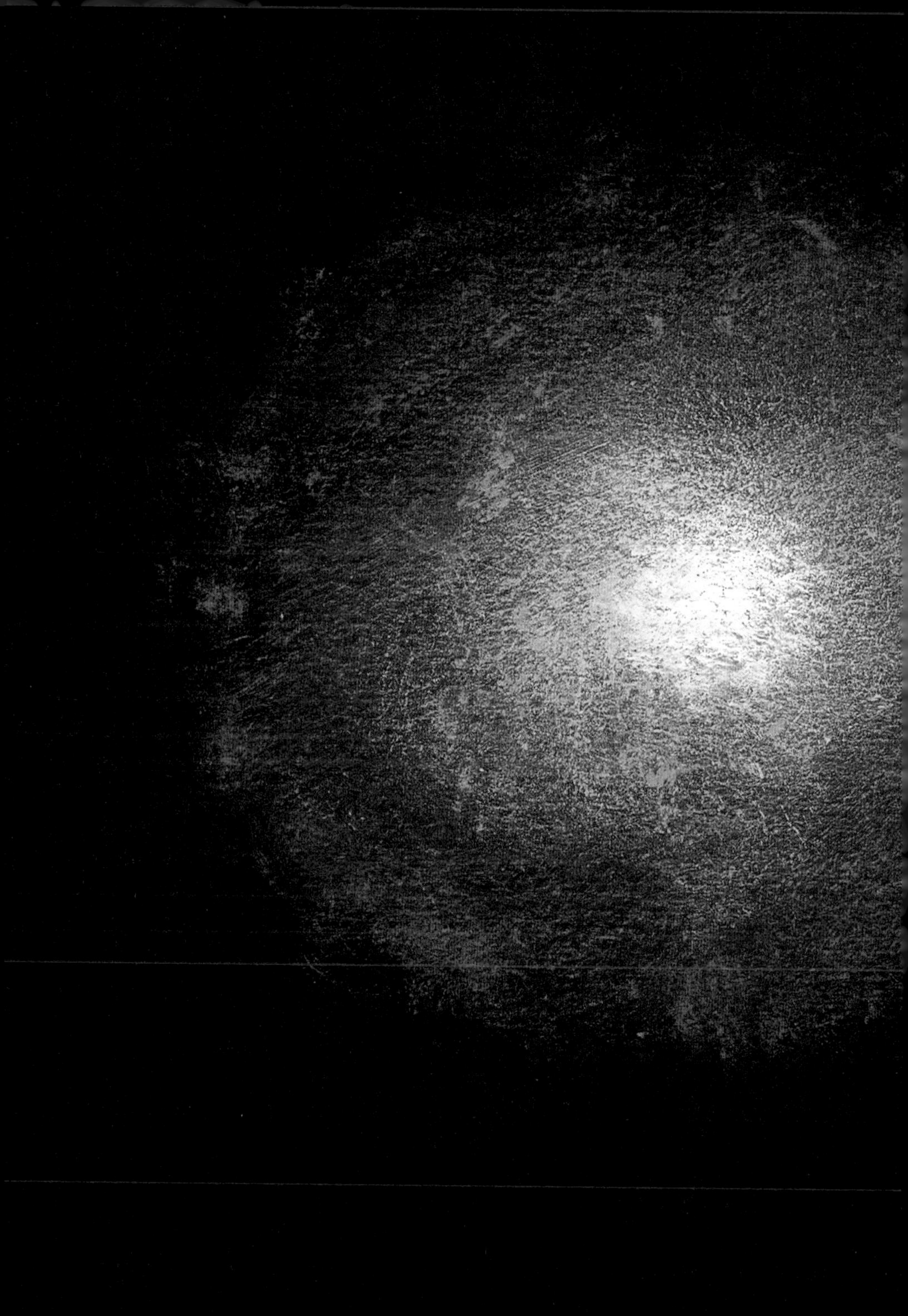

開いた両手の手のひらを合わせると、お互いの魂の温度に触れられた。
きみの魂の温度を感じながら、きみのことをいつでも「なつかしい」と思った。
「なつかしい」という感覚は触れあう魂の温度そのものだった。

そのころぼくたちは未来の記憶さえ、いつでも呼び覚ますことができた。
その未来の記憶は無限に存在していた。
ぼくたちの魂の旅は永遠につづく。
未来の記憶も無限に、永遠につづいてゆく。
記憶が無限であれば、運命にも無限の選択肢が存在する。
それは、ぼくたちが一瞬にして作り上げる無限の未来だといっていい。

そして三次元という時間のベクトルの中に存在する今のきみにも、未来の記憶は必要なときに必要なかたちでインスピレーションとしてやってくる。


そのころ、誰も他の魂から何も奪う必要はなかった。

憎しみや哀しみという感情は存在しなかった。

欲望すら存在しなかった。

この宇宙を征服しようと考える魂すらなかった。

すべての魂が自分自身の宇宙を作り出すことができたからだ。

「意識」だけですべてを作り出すことができたからだ。

希望と夢だけですべてが存在していた。

すべての魂の営みは、さまざまなかたちの希望と夢を作り出し、それを分かちあうこととイコールだった。

そして、そこがきみとぼくがもどってゆく場所なのだ。

第3楽章　テンポ・ディ・ヴァルス　～ワルツのような速さで～

少し意識のチャンネルを変えてみよう。

三次元の認識でいえば、時間を何千億年も遡《さかのぼ》ってみたと考えればいい。

ふたりはヒトに似たかたちをした半透明の身体を持っていて、円盤のような乗り物に乗って宇宙空間を飛んでいる。

ふたりの身体はすでにかたちができていたが、まだ肉体ではなく、光に似た半透明の宇宙物質でできている。

ふたりはその宇宙物質に意識を投影して、自由自在に自分の身体のかたちを作ることができた。

そして身体だけでなく、円盤もそうして作った。

円盤を飛ばしている動力もふたりの意識だった。

もちろんひとりだけの意識で円盤はいつでも飛ばすことができたが、円盤にはいつもふたりで乗り込んで、ふたりの意識を合わせて動かしていた。

ふたりが同じことを思いさえすれば、宇宙のどこへでもその身体とその円盤で行くことができた。

もちろんひとりひとりの身体だけでも自由自在にどこへでも行くことはできた。

でもあえてふたりの意識を合わせて、いつも円盤を飛ばしていた。目的を共有するという感覚を持つと、合わさったふたりのパワーはおのおのの力の何倍にもなったからだ。

そして、それはふたりにとってこの上ない幸福だった。

同じように宇宙物質でできた身体を持った、さまざまな銀河の生命体が宇宙空間にはあふれていた。

皆、思い思いの身体のかたちをしていた。

乗り物を持っている生命体も、乗り物を持たずに身体だけで飛んでいる生命体も、それぞれの在り方で自由に存在していた。

宇宙空間を旅していてすれ違うと、皆親しげに意識だけで挨拶《あいさつ》をしあった。

その挨拶とはお互い同時にそれぞれの感性で宇宙の美しさを想い、存在しているという事実に感謝をし、その感覚を共有するだけでよかった。

宇宙は無限の感謝に満たされていた。

∞

この宇宙には、同じ目的を持った魂がある期間のいのちをともにするための星が、無数に存在する。

宇宙が無限に広くても、すべての魂の本質は同じだ。

同じひとつの光をルーツにした魂たちが、それぞれの星のいのちとして、姿を変えてある期間を過ごしている。

すでにふたりは数え切れないほどのいくつもの星で、その星特有のいのちとして滞在してきた。

あるとき、ふたりは同時に、まだ訪れたことのない宇宙の果てにある、美しい星をふと思った。

ふたりが意識を合わせると、時空のはるかかなたに小さくその星が感じられた。

あの星、とふたりは同時にそう思った。

あの星に降りてみたい……。

その星に降りるという意味はたったひとつしかない。

その星のいのちとしてある期間を過ごし、進化の過程をともにすることだ。

何百億年という、その中にいれば気が遠くなるほど長く、過ぎ去ってしまえばきっとあっという間に感じられる貴重な瞬間をその星で過ごすために。

ただし、その星で進化の過程をともにするには、それまでの記憶をいったんすべて消さなければならない。

それは0（ゼロ）の状態からはじめて、大切なものを自らの意識で見つけ、それを「信じる」ことで何かを創造していくというプロセスを体験するためだ。

「この星をいつか去るときに、わたしたちのすべての思い出を語りあいましょう」

その美しい星に同化する直前にきみはそう言った。

「地球」というその美しい星を、きみは見つめた。

「信じる」ということを学ぶためのその星を、きみはじっと見つめていた。

すべての星には魂があり、固有の大きな意識を持っている。

「地球」にはガイアという女性意識が宿っている。

きみが同じ女性意識として、ガイアに語りかけた。

「しばらくの間、あなたと同化する魂として、地上に降り立ってもよろしいでしょうか？　あなたのような美しい星に、ぜひ滞在してみたいのです」

ガイアはふたりに微笑《ほほえ》みかけて言った。

「もちろんあなたたちを歓迎します。今までわたしに降り立ちたいというどんな魂も、わたしは拒否したことはありません。あなたたちの魂の輝きを増すための一助《いちじょ》になれるのなら、こんなにうれしいことはありません。およそ三百億の魂が、今わたしのところに滞在

∞

しています。もっとも地上で生を受けているのはそのうちのほんの一部です。他の魂たちは地上の魂を見守ってわたしのまわりにいます。そして転生すべきときに地上のいのちとして転生していきます。

わたしに滞在したいという魂の数は今増えつづけています。近い将来、わたし自身が惑星の意識としての次元上昇を行うからです。その瞬間に居合わせたいと願う魂たちが日々宇宙からやってきています。そのような時期にあなた方とめぐりあえたことを大変うれしく思います」

ふたりはガイアにこの上もない好感と、親近感を持った。

ガイアは話をつづけた。

「今、わたしの上にいる魂たちはネガティブからポジティブへの学びをしています。その移行は『信じる』という意識でもたらされます。純粋に何かを信じることで、すべてのネガティブなものがポジティブなものに変わっていくのです。

まず『物欲』や『名誉欲』といった幻想を集団意識として自ら作り上げ、それを克服するというプロセスによって気づきを得なくてはなりません。それには大きな痛みが伴います。魂の孤独という感覚にも打ち勝たなければなりません。本来見えているはずの心の眼に目隠しをして、ヒトは皆人生を歩んでいきます。その目隠しに自らの意識で気づいて、ある瞬間に取り去るのです。つらくて混沌《こんとん》とした過去から、じょじょにじょじょにヒトは集団意識で自らの『在り方』を未来に向かって浄化していくのです。すでに魂が知っている根源の光の意識をいったん忘却し、それをじょじょに思い出していくというプロセスをヒトは選んでいるのです。

素敵なプログラムだと思います。わたしの意志ではなく、集まってきた魂たちが集合意識でそう決めたのです。わたしは集まった魂たちに意識的進化の場所を提供しているだけにすぎません。わたしに降り立った魂たちが目的を達して滞在を終えたあと、わたし自身もこの星の身体を脱ぎ捨てて、別の銀河へと移ります。そこで新たに別の星の姿でわたし自身の進化をつづけていきます」

ぼくたちはこの星の魂たちの進化の歴史や、きみとぼくが過ごすことになる未来のビジョンを意識の眼で見てみた。

もしもぼくたちがこの星に滞在するとしたら経験することになるだろう体験のすべてを、ふたりは一瞬にして意識の中で映像化してみた。

ぼくたちが瞬間的にそのビジョンのすべてを理解したとき、ガイアは言った。

「今あなたたちが見たビジョンは、もしあなたたちが『わたし』に滞在することを決めたら、そのときはじめて現実化されていきます。『わたし』に滞在するかどうかを決めるのはあなた方です。どの現実を選ぶのかもあなた方の自由だからです。今すぐ他の星へ旅をつづければ、そこでまったく別の現実が待っているでしょう。どの現実を選ぶかはいつでもあなた方しだいなのです」

膨大なビジョンの連鎖の中のひとつに、たとえばこんなビジョンがあった。

それは今きみがいる文明の、ひとつ前の文明の最後の話だ。

今までに地球上ではいくつかの文明が生まれては滅びていった。エネルギーの使い方を誤ったり、憎悪のエネルギーが過多になってしまったり、理由はさまざまだった。

が、結果として地球規模の天変地異を自らの過ちで引き起こし、あとかたもなく消滅していった。

もちろんそのたびに生を受けていた何十億の魂が、文明の黎明期《れいめいき》からプログラムをやりなおすことになった。

そのとき世界はある文明の終焉《しゅうえん》の時期を迎えようとしていた。

憎悪のエネルギーが過多になって、地球を取り巻いていた。

文明は科学の粋《すい》を極めていたが、ヒトの集団意識は驕《おご》りの方向に大きく振れていた。

天然の自然はほとんど破壊され、人工的な自然に置き換えられた。

自然の生態系は消滅寸前で、人工的な生態系が作られた。

生命を持ったクローンが乱造された。

労働はすべてコンピューターとアンドロイドがつかさどり、人間は享楽《きょうらく》と放蕩《ほうとう》にあけくれた。

そして、ヒトは自らの力で神の域に達したという、大きな勘違いをした。

驕りと限りなき欲望にヒトの心の大部分が支配されていた。

結果としてある日、一瞬にして地球上のエネルギーバランスが崩壊した。

それは文明という脆《もろ》い夢を、たった一日にして地球から消し去っていった。

海流の異変によるとてつもなく大きな波が、地球上のほとんどの都市を数時間にして流し去ったのだった。

それまで普段の生活を送っていたほとんどの地球上の人々は、何が起こったのかもわからないまま、海の藻屑《もくず》と消えていった。

もっともすべての人々は肉体を失っただけで、存在の本質である魂にもどったというだけだったが。

それでも、その文明の失敗は、多くの魂たちに衝撃を与えた。

だが、それはあらかじめ予定されていたことだったのだ。

はじめて地球に降り立った際に、実は集団意識としてすべての魂が自らがプログラムした試練だったのだ。

きみとぼくはその試練の日に、地上にいることを選んでいた。

きみがガイアに質問した。

「あの天変地異はあなたが起こすのですか？」

ガイアは答えた。

「いいえ。わたしは自ら好んで地殻の変動や気候の激変を起こしたりはしません。それはすべてわたしの表面の上での出来事なのです。数十億の魂の集団意識があるマイナスの飽和《ほうわ》点に達すると、わたしの表面でそういったことが起こります。すべては魂の集団意識の結果なのです。わたしは愛すべき魂たちに進化の場を提供しているだけです。魂の転生のプログラムや集団意識のもたらす結果について、わたしが介入することはありません。

天変地異といわれるもので、わたしが意図的に起こしたものはひとつもありません。すべての否定的な要素、たとえば神の怒りや天の罰といったイメージは彼らが、自ら作り上げているイメージにすぎません。でもそれは彼らが意図した以上、彼らにとっては現実であり、学びのための一要素なのです。否定的なものを作り出すということも、ヒトに与えられた『自由』なのです。それは彼ら自身の学びのためです。誰もその自由を奪うことはできません。

ヒトの魂はまさに奇跡です。もともと美しくない魂はありません。すべての魂は本当は限りなく澄んでいて美しいのです。歴史上残虐《ざんぎゃく》な悪の化身と呼ばれている魂の数々でさえ、本当はその役割を自ら担《にな》って演じているのにすぎません。集団意識の気づきのために、そういった過酷な人生を選んでいるのです。ヒトは学びのために自ら善悪という概念を作り出しますが、それをある時点で必ず克服します。

わたしは感じます。彼らは否定的なものを自ら作り出し、『信じる』という力でそれを克服しようとしているのです。それは長くてつらい道ですが、それを達成したときに、彼らにとって大きな感動

ひとつひとつの魂の意識。
それを見守るガイアの意識。
ガイアの他、
いくつかの惑星が持っている意識。
惑星を見守る恒星の意識。
そして無限に近い数の恒星を見守る、
銀河系の意識。
そのすべての意識は
根源の光の意識に通じている。

の瞬間が生まれます。それはこの次元での究極の調和というかたちで、いつの日か必ず達成されます。わたしにできることは、そんな彼らをこころからの愛をもって見守っていることでしかありません。最終的な調和にいたるまで文明はいくつも崩壊しますが、それは彼らの究極の学びのためです。最後にはヒトはある意識レベルを超えることに必ず成功します。必ず、です。あなたたちが意識の眼ですべてのビジョンを見て、すでにご理解されているように」

ひとつひとつの魂の意識。
それを見守るガイアの意識。
ガイアの他、いくつかの惑星が持っている意識。
惑星を見守る恒星の意識。
そして無限に近い数の恒星を見守る、銀河系の意識。
そのすべての意識は根源の光の意識に通じている。

きみとぼくはガイアの意識に感謝して、この星のいのちとして滞在しようと決心した。

第4楽章　アレグロ・ヴィヴァーチェ　～より速く、生き生きと～

そしてぼくらは地球に降り立った。

まだヒトの眼には見えない意識体のまま、ぼくらはまず、時間を超えて地球のさまざまな時代に行ってみた。

ヒトのこころに所有という概念が生まれた原始の時代、憎しみがかたちになって武器が生まれた時代、国という概念が生まれた時代、大量殺戮《さつりく》があたりまえになった時代、そしてその矛盾に人類が気づきはじめた時代……。


それぞれの時代に生きる何十億ものヒトのこころのささやきに、きみとぼくは耳を澄ましてみた。


それぞれの星はそれぞれの星に特有な進化の過程を持っている。

失うもののはかなさや、憎みあうことの悲しさや、ネガティブなものをいったん作り出し、そこからの自浄作用で何かを学びとろうとする道を、地球に集まった魂たちは選んでいた。

そのために、家系、部族、国境、宗教、政治など、本来は同じルーツの魂を表面的に区別するための、さまざまな方法や概念を作り出した。

本来は魂の本質が同じであり、現れる姿のみが自由で多彩であることを、本当は誰もが皆例外なく知っている。

その記憶をあえて封印し、目隠しをしたまま、すべての魂が思い出し、最後のひとりが気づくまで、皆が手探りで光を探す道を選んでいるのだ。

そのためには、悲しく、苦しい旅からはじめなければならなかった。

それを乗り越えるための長い長い旅を、地球に集まった魂は皆つづけてゆく。

すべての魂はマラソンランナーのように、ひたすら孤独にそれぞ

哀しいくらい美しい星ね、ときみは言った。

れの人生を走り抜けていく。

でも、どんな悲しみも、どんな苦しみも、いつかは必ず消えてゆくのだ。

いつかは必ず、例外なく。

すべての困難を乗り越えて、すべての魂が目隠しを自ら解いて、光に向けて大きく意識の腕を広げたとき、この星はどんなに美しく輝くことだろう。


きみは自分の意識の中で、地球の魂たちのすべての歴史をビジュアル化してみた。

それは次の瞬間にはすべて陽の光に溶けてしまう氷の彫刻のように、きらきらと輝いていた。


哀しいくらい美しい星ね、ときみは言った。

悲しみを共有し、苦しみを理解し、孤独を分かちあい、迷えるすべての魂たちが助けあい、すべての魂が、最後のひとりまでが気づいて、はじめて本来の光の姿に再びもどることができるのだ。

ぼくたちに迷いはなかった。

すべての魂がそうであるように、ぼくらもはじめからこの星を愛していた。

きみはまだ透明な身体の意識体だったが、自分の身体のかたちを限りなくヒトの女性に近いかたちに変えてみた。

ぼくも同じように、自分をヒトの男性の姿に変えた。

「水に触れてみたいわ」

きみが言った。

きみがヒトの姿になって最初にしたことは、そばに流れていた小川の水を手にすくうことだった。

水はきみの手の中で、陽の光に照らされ、きらきらと輝いていた。

まるで水がきみの手のひらの中で、きみとの出会いを喜んでいるかのようだった。

「この星に滞在する間、あなたたち『水』にわたしたちのいのちを生かしてもらえるのね」

きみは手のひらの中の水にそっとキスをすると、一瞬にして手の中できらきら光るいくつかの氷のかけらに変えた。

そしてその氷のかけらのひとつを手に取って、そっと自分の頰《ほお》にあててみた。

「冷たくて気持ちいい」

きみはいくつかの氷のかけらをぼくの手のひらに移した。

ぼくは氷のかけらのひとつをはじめてのヒトの姿で口に含んで

みた。氷が口の中で溶けて、その溶けた冷たい水がぼくの意識の作った身体と静かに一体になっていくのを感じた。

水がぼくの一部になった。

地球の一部である水と同化することで、ぼくは自分の意識が地球と一体になっていくのを感じた。


次にきみは「風」を頬で感じた。

実際の肉体ではなかったが、きみの意識が作り上げた長い髪は風の波動を受けて、少しなびいた。

「わたしがこれから何かにくじけたり、落ち込んだりしたら、今みたいにわたしの頬をやさしくなでていってね」

きみは風に言った。


そしてぼくらは「土」を二本の足でしっかりと踏みしめてみた。

「大地というかたちをとって水をとおし、植物や微生物や動物を生かしてくれているのね。それに何よりも、しっかりとわたしたちを支えていてね」

最後にきみは手のひらを胸の前で合わせて、ゆっくりと離した。三十センチほど離したきみのふたつの手のひらの間で、「火」が燃えていた。

「わたしたちのそばで、夜の闇を照らしたり、あたためたりしてくれるのね。水を熱い湯にして、体を癒してもくれるのね。そして食べものを調理するのに、なくてはならないのね」

きみは火を手のひらの間に点《とも》したまま、頭の上に掲げた。

そして火に向かって言った。

「生きている間、いろいろな想いをあなたに託して、祈りをささげるわ」

火は了解したように一瞬大きく燃え盛《さか》ったと思うと、次の瞬間には消えていた。


「そろそろ、準備をしないといけないね」

ぼくは言った。

「そうね。そのときが来たみたいね」

きみが言った。


ぼくたちは一瞬にして、再びふたつの意識体にもどり、地球を見下ろせる宇宙空間にもどった。

そして、自分たちの意識の波動を、地球の生命の意識のレベルにチューニングしはじめた。

ヒトとして実際に肉体を持って生まれる準備をするために。

ふたりが再び出会う場所、出会う時期は決めないでおきましょう、すべてを宇宙の意思にまかせてみたいの、ときみは言った。

しばらくの間お別れね。

きみはそう言って微笑むと、地球に意識の眼を向けた。

きみの意識の眼に映った地球は、そこで何十億もの魂がいのちを授《さず》かって、さまざまなドラマを繰り広げているとは思えないほど、青く静かに澄んで輝いていた。

第5楽章　モデラート・カンタービレ　～中くらいの速さで、歌うように～

ぼくは海の底にいるのだろうか……。

まだかたちになっていない、意識の眼だけでまわりを感じ取る。

限りない愛に守られている気がする。

そこは最初に母となるヒトの胎内《たいない》だ。

規則正しい音が聞こえる。

鼓動……。

はじめて母になるヒトの鼓動が聞こえる。

もうすぐ、ぼくははじめて地上に出ていこうとしている。

はじめて親になってくれるヒトたちは、おだやかな人生を送る予定の心のあたたかなヒトたちらしい。

きみはどこで生を受けるのだろうか。

意外とすぐそばにいるかもしれないし、気の遠くなるほど遠くにいるのかもしれない。

いつどこで出会うかは決めないでおきましょう、ときみは言った。

どの人生でも、どこかのタイミングで、必ず出会えると信じて

……。

∞

そしてきみとぼくは何度も転生を繰り返した。

地上で生命を授かっている間、ぼくらだけでなく誰もが、本当は自分たちが宇宙を自由に飛び回れる意識体であることを、完全に忘却した。

それはこの星に生きるためのルールのようなものだ。

生命を授かった限られた一生の間は、それぞれの孤独や喪失感やさまざまな恐れや悲しみに身を浸すことになる。

そして、その先にあるかすかな光である、希望や喜びを常に探しつづけることになる。

誰もがそうであるように、きみもぼくも限られた一生をヒトとして生きることの寂しさやむなしさを克服することからはじめなければならない。

今のきみの人生ですでに出会った、あるいはこれから出会うことになるぼくも、きっとまだ、えもいわれぬ孤独感の真っ只中にいることだろう。


あるとき、ぼくは地球のいつの時代かのどこかの場所にいて、きみから遠く離れ、たったひとりで星を見ていた。

星はどこかヒトの魂のかたちに似ていると思った。

いのちの進化とは遠いどこかへ還っていくことなのかもしれない、とふと思った。


この星では、変化は時を経るにつれてどんどん加速していく。

何億年もの、ヒトがただひたすら純粋に生存することに、一生をかけてゆっくりと費やしていた時代。

何千万年もの、言葉のいらなかった時代。ヒトがまだ意識だけで静かにコミュニケートできた時代。

何万年もの、文明が創造と消滅を何度も繰り返した時代。

何百年もの、科学というものを万能と信じ込んで、コミュニケーションに電波や活字や通信器具を必要とした、恐ろしく不便な時代。

そして、ヒトが地球の美しさと、宇宙の神秘と、いのちの無限の可能性を思い出しはじめた時代……。

「この星でふたりが一緒にした旅を、すべて思い出すときがきっと来る」

そのときぼくは夜空の星を見上げながらそう思った。

ぼくらがこの星の滞在を終え、本来の姿である意識体にもどるときが、すべてを思い出すときなのだ。

ヒトでいるうちは、そのことを忘れている。

たったひとつのことを学ぶために。

「信じる」ということだけを学ぶために。

ヒトが皆、自分自身の存在の真実を純粋に思い出すまで。


ヒトは意識だけで天国も地獄も創造する。

ヒトが意識で作り出すものは、すべて存在することと同じだ。

それはもはや幻ではなく、意識の中でヒトが創造する限り、すべてが実在なのだ。


持てるものと持たざるもの、善と悪、愛と憎しみ、生と死、ヒトはヒトが自ら作り出した矛盾に悩みつづける。

もしヒトがすべてを意識だけで作り出せると純粋に信じたなら、持てるものと持たざるものの矛盾はなくなるだろう。

もしヒトがいのちの大切さを迷うことなく信じたなら、善と悪の矛盾はなくなるだろう。

もしヒトが無限のこころの自由を信じたなら、愛と憎しみの矛盾はなくなるだろう。

もしヒトが自らの魂の永遠を信じたなら、生と死の矛盾はなくなるだろう。

そしてヒトに本来の力がすべて備わっていることを信じたなら、すべての矛盾が地球から消えていくだろう。

本当はヒトは失うべきものは何も持っていない。

そのことにすべてのヒトが気づけば、その瞬間この地球はこの上もなく美しい星に生まれ変わって、燦然《さんぜん》と宇宙に光り輝くだろう。

本当はヒトは失うべきものは何も持っていない。
そのことにすべてのヒトが気づけば、
その瞬間この地球は
この上もなく美しい星に生まれ変わって、
燦然と宇宙に光り輝くだろう。

そのときが実現するのは、すべてのヒトが、そういう日が来るということを一点の疑いもなく信じるときなのだ。

最後のひとりにいたるまで、すべてのヒトがそれを純粋に信じられたとき。

それはヒトが自ら選んだ、もっともシンプルで、かつもっとも難しいゴールなのかもしれなかった。

そしてそれは、きみとぼくが、そしてすべての「ふたり」たちが、この星でのそれぞれの旅路を終え、最後に出会うときなのだ。

第2部 「転　生」

第6楽章　ロンド　～輪廻のように～

はじめて地球に生を受けたときから、ぼくたちは常に旅人だった。

どの人生でも、きみとぼくはまったく違うルートで旅をはじめ、
どこかでめぐりあった。

きみとの出会いも、別れも、いつもあるとき突然やってきた。
いつの人生でも、約束の地、約束のときをぼくらは決めなかった。
必ず、いつの日かどこかでめぐりあうことを信じていた。

同じような旅をぼくたちはまるでロンドのように繰り返してきた。
ふたりがこの星を離れるまで、その旅は何度もつづく。
ある人生ではほんの一瞬しかそばにいられなかったかもしれない。
ある人生では敵同士の国の恋人たちだったかもしれない。
ある人生では長い間よりそって、最期の別離の哀しみをかみしめたかもしれない。

どの人生でも肉体をまとっている限り、ふたりは別々に人生をはじめ、別々に人生を終えていく。

最後に、ぼくはきみのことを、きみはぼくのことを想いながら。

そして遠い未来にこの星をあとにするとき、ぼくらは必ずめぐりあう。たとえ、どこで迷っていても、どんなに離れていても、必ずめぐりあう。

そう信じながら……。

∞

この星で過ごしたときの、きみとぼくのエピソードをいくつか話そう。

無限につづくエピソードの中のほんの一瞬だ。

そのうちのいくつかは蝶にまつわるエピソードだ。

きみとぼくが人生をともにするとき、ふたりのそばにはいつも蝶が飛んでいた。
まるでふたりの魂の行く末を静かに見守るかのように……。

∞

シーンⅠ……古代・パート1

古代のある人生では、きみとぼくとは一生のうちのほんの数十分をともに過ごしただけだった。

大人たちが狩りに出かけたあと、まだ幼いきみは森にひとり残って小さな花を集めては首飾りや花輪を作って遊んでいた。

少し離れた木陰《こかげ》から、そんなきみをじっと見つめる子供の目があった。年の頃はきみよりもほんの数歳上といったところだろうか。それは自分の部族からはぐれたまま、何日もひとりで放浪していたぼくだった。


きみはふと座っていた足元にとまった蝶に目をとめた。

羽に原色の点が点在している、黒い大きな蝶だった。

きみはその蝶を捕まえようと手を伸ばした。

蝶はひらひらと飛んで、きみはそのあとを追った。

ぼくはきみに気づかれないように少し距離を置きながら、きみのあとを追った。

数分走ったところで、少し広い草地に出た。

蝶はきみの手をかわしながら、なぜかきみから離れすぎない位置を選んでは、ひらひらと舞うように飛んでいた。

草地の端は少し急な崖になっている。

蝶は崖のふちにある岩の上にとまった。

きみはその岩から少し離れてたたずんでいた。

ぼくはきみのそばへ近づき、きみの立っている脇をとおり過ぎると、不思議そうに見ているきみの視線を無視するかのように、崖ふちのその岩に近づいた。

蝶は岩の上で相変わらずおとなしく羽を休めていた。

ぼくが羽をつまんで捕まえても、なぜか蝶は静かに身をまかせていた。

ぼくはきみのところへもどると、蝶をきみの手のひらに乗せた。

蝶は数分きみの手のひらでじっとしていたが、やがて飛び立つと、きみとぼくのまわりでふたりを見守るようにひらひらと舞いつづけていた。

ふたりとも無言だった。

しばらくの間、ふたりは無表情に見つめあった。

突然蝶がぼくの肩の上にとまった。

きみはそれを見て一瞬微笑んだ。

ぼくもそんなきみの微笑みを見て、一瞬だけ微笑んだ。

これが、ふたりがこの地上に生を受けて、はじめて微笑をかわした瞬間だった。

きみは自分が首にかけていた、作ったばかりの首飾りを静かに取ると、ぼくの首にかけた。

ぼくはお守り代わりに肌身離さず持っていた、いくつかの石のうちのひとつをきみの手のひらに置いた。

それは小さな水晶のかけらだった。

きみはしばらく手のひらの上の水晶のかけらをながめていたが、少し微笑んでからそれを握りしめた。

蝶はそんなぼくらのやりとりを見届けるようにふたりのまわりを舞ったあと、どこか遠くへと飛んでいった。

やがてぼくは踵《きびす》を返すと、森のほうへと歩きだした。

もと来たほうとは別の方角だった。

きみはそんなぼくの後姿を、草地にたたずんだまま無表情に見つめていた。

ぼくは一度も振り返らなかった。

ぼくが森の中に入り、きみの視界から完全に消えてしまうまで、数分とかからなかった。


そしてその人生では、ぼくらは二度と出会うことはなかった。

シーンⅡ……古代・パート2

残された時間の会話。

どのくらいわたしを愛していた……？

無限よりもはるかに深く……。

わたしのこころが粉々に砕《くだ》けたとしても……？

そしたらひとつひとつそれを大切に拾うよ。最後のひとかけらまでね。一生かけても……。

わたしの気が狂《ふ》れてあなたのことがもうわからなくなってしまっても……？

きみとはじめて出会ったころのぼくにもどる。そしてもう一度自己紹介をして、きみとの恋をやりなおす……。

それは夢の中での会話だったかもしれない。目が覚めるとぼくらは現実の中にいた。

暗くて寒いどこかの牢《ろう》の中なのだろう。灰色の石の壁が見える。

それはたいそう広い牢で、ほんの数ヶ月前までは平和に暮らしていた数百人もの人々が、衰弱して牢の中でところ狭しとうずくまっていた。

すでに冷たくなっている身体もいくつもあった。

年端《としは》のいかない子供たちや幼児も、何十人も含まれていた。

古代の、何か大きな内乱の末期らしかった。

同じ国の同じ民族が真二つになって殺しあった。

宗教のもつれ。政治のもつれ。経済のもつれ。ヒトの作り出した秩序のもつれ。

その中でただ翻弄《ほんろう》される多くの魂たち。

ふたりの魂もその一部だった。

薄暗い蠟燭《ろうそく》の光の下、やせ細ったきみの、半分影になった顔が見える。

きみはかなり衰弱していて、もう立ち上がる気力も体力も残されてないようだった。

きみを抱きしめるぼくの手も、もうかなりやせ細っていた。

まもなく終わろうとしているふたりのいのちが、蠟燭の光にはかなげに揺れていた。

「しあわせ？」「しあわせよ」

きみはかすかに微笑んだ。

「人のいのちって、はかなく消えてゆく泡みたいね」

ぼくは何も答えなかった。きみがささやいた。

「でも、あなただけには生き延びてほしかった」

「これでいいんだ。一緒でいいんだ」

きみはふと壁の上方にある小さな窓に目をとめた。

黒い大きな蝶がとまった。

蝶はほんの数分、羽を休めていたが、やがてどこかへと飛んでいった。

「蝶はどんなに短いいのちでも、限りなく自由なのね」

ぼくは何も言えなかった。きみはささやいた。

「人のこころもいつか、あんなふうに自由になれたらいいのに」


ひとりの女の子が、細い木切れを拾うと、壁に小さな蝶の絵を無心に彫りはじめた。

その隣でもう少し年長の別の女の子がもう一羽の蝶を描きはじめた。

何人かの子供たちが、それに従って何羽もの蝶を描いた。

「わたしの蝶も描いて」

もう足が弱って立ち上がれないきみはそうぼくにささやいた。

ぼくは子供たちのそばに行き、よりそって飛ぶ二羽の蝶を描いた。

大人たちもひとり、またひとり、その作業に加わった。

誰もが無言だった。

夜、蠟燭の灯が消えるまでに数百の蝶の大群が壁の上に刻まれた。

それはかすみゆくいのちの代わりに存在するよう、しっかりと壁面に刻み込まれていた。

蝶の大群はどこか行き先を求めて旅立とうとしているかのようだった。

どこか遠くにある無限に広い花園へ向かって……。

次の朝、牢の中にいた全員がどこかで一緒に処刑されたらしい。

誰もいなくなった牢の壁の上では、無数の蝶が空に向かって羽ばたいていた。

やがてその国は外から攻めてきた別の国の軍隊によって占領され、牢も跡形もなく取り壊された。

無数の蝶の絵が残った壁は、土の下に深く埋もれた。

何千年もの間、その壁は無数の蝶がどこかへと飛び立とうとしている絵を残したまま、深い土の下に埋もれていた。

いくつかの時代を経て、ある日まったくの偶然で発掘されるまで。

シーンⅢ……現代・パート1

きみはある博物館の古代展に入っていった。

本当は併設されている美術館の、ある絵画展に足を運んだのだが、それはちょっと期待はずれだった。そこで隣の建物のあまり多く宣伝もされていなかった古代展をふと覗いてみる気になったのだ。

無数の蝶が旅立とうとしている絵が残っている石の壁に目がとまった。きみは引き寄せられるようにその壁のそばへ行き、それを見つめた。

その壁には、囚人が牢の壁に描いたものらしい、という説明が付されていた。

その石の壁の数百の蝶の絵の中の、あるふたつのよりそった蝶を見つけた。

なぜか涙がとまらなくなった。


古代から現代まで、ヒトは同じことを繰り返していると思った。

きみはその前の日の夜、恋人と大きないさかいをしていた。

（もう口もきかないと思っていたのに……）

無数の蝶の中のよりそった小さなふたつの蝶。

その話を無性に恋人にしたくなった。

（絶対に別れてやろうと思っていたのに……）


美術館を出ると、きみは昼下がりの公園の木陰のベンチに腰を下ろした。

きみは携帯電話を出すと、数時間前まで、もう跡形もなく消してしまおうと思っていた恋人の番号をプッシュした。

その恋人がぼくだった。

いつのまにかどこからともなく現れた一羽の黒い蝶が、携帯電話をかけているきみの肩にとまった。

蝶はきみの携帯電話が相手に通じて、きみが話しはじめるのを確認したかのように、どこかへヒラヒラと飛んでいった。

きみは蝶が肩にとまっていたことには、まったく気づかなかった。

ひとつめのインタールード（間奏曲）……

きみとぼくの間に、さまざまな葛藤が存在するように、世界にも
さまざまな葛藤が存在する。
世界は絶え間なく血を流しつづけている。

財産を盗まれた憎悪。
子供を殺された憎悪。
国を奪われた憎悪。
人格を無視された憎悪。
能力を軽んじられた憎悪。
愛を裏切られた憎悪。

夢を砕かれた憎悪。
信じている神をけなされた憎悪。

何かを奪うことと否定することがすべての「憎悪」のはじまりだった。
地球上ではありとあらゆる憎悪が人々のこころの中にひしめきあっていた。

(ヒトはなぜこのすべての苦しみをとおり抜けなければいけないの？　その先に一体何があるの？)

地球にはじめて降りたとき、きみは「憎悪」という感情を手のひらに包んでみた。
それは最初、この上もなく醜くて重たい、鉛のようなオブジェだった。

きみはその「憎悪」にそっとくちづけをしてみた。

そしてもう一度手のひらに包んで自分の胸元へ持ってくると、しばらくの間目を閉じて何かを祈った。

きみが手を開くと、そこに砂のように崩れて変わり果てた「憎悪」があった。

それはきみの指の間からこぼれ落ちると、かすかな風に吹かれてどこかへと消えていった。

「憎悪……ヒトが魂の進化を学ぶために、作り出したモノ。愛をより強く意識するために、作り出したモノ。ヒトが創造した、やがて消えゆく運命にある、黒い色をした束の間の芸術品ね」

きみがそっと、そう独り言を言った。

きみとぼくの間に
さまざまな葛藤が存在するように、
世界にも
さまざまな葛藤が存在する。

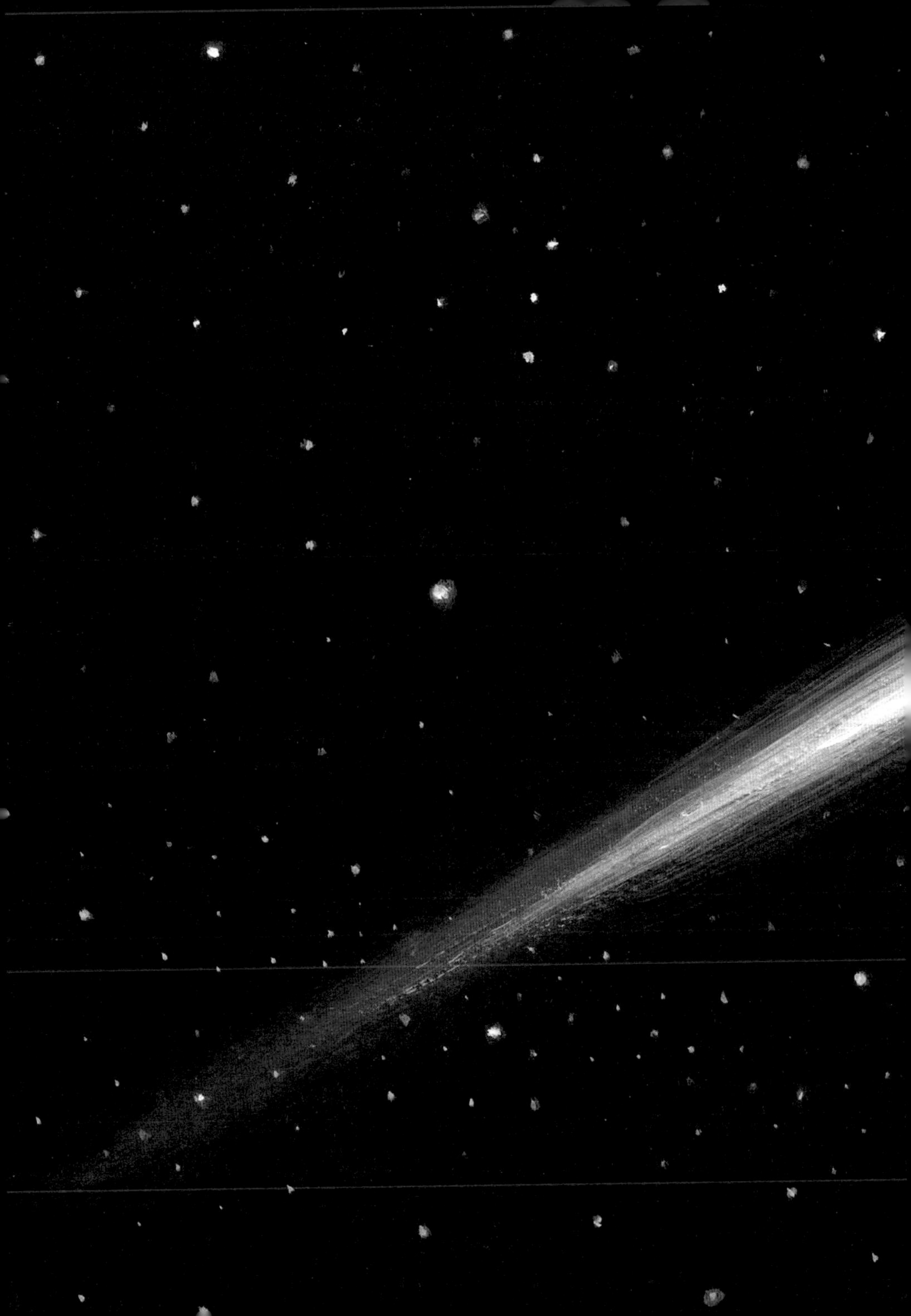

シーンⅣ……現代・パート2

きみはぼくの手を振り切って、必死にぼくから逃げようと走った。

歩道橋の上でぼくはきみにやっと追いついた。

「どうして嘘なんかついたの？」

きみはぼくの顔も見ずに、背を向けたまま言った。

「昨日は誰と一緒だったの？」

ぼくは何も答えない。

「わたしのおなかにはあなたの赤ちゃんがいるのよ。どういうつもりなの？」

「きみのことは大切に思っている。もちろん生まれてくる子供のことも……」

「だったらなぜ……」

きみはすすり泣きはじめる。

「だったらなぜこんなときに、他の人と遊び歩いたりできるのよ」

「遊びじゃないんだ……」

きみは信じられないという顔をした。そしてこみあげる嗚咽《おえつ》をなんとかかみ殺すと叫んだ。

「わたしのどこが悪いか言って！」

「きみが悪いんじゃない。すべてはぼくのせいなんだ。だから……」

「そうやって逃げないで。はっきり言って」

「きみのことは愛している。疑いなく、とても愛している、でも……」

「でも……？」

「ときどききみの愛情で窒息しそうになる」

「窒息……？」

きみは再び信じられないという顔をした。

「好きな仕事もやめて、あなたのために部屋中を掃除して、洗濯をして、毎晩食事を作って、待って、待って、待って……。わたしはあなたの何なの？　家事をするだけの妻という名のロボットなの？　こんなに身を粉《こ》にして毎日必死に妻という役を演じているのに、あなたは窒息しそうだから、他の人のくれる空気を吸いに行ったというの？」

「ごめん、癒されるんだ。少しきみと離れていると……」

少しの沈黙があった。

そして突然、きみはぼくの頬を平手でピシャリと打った。次の瞬間薬指の指輪をはずして、歩道橋の上から車がひっきりなしに走っている下の道へと投げ捨てようとした。

「わたしか、その人を選んで。今すぐ選んで」

「選ぶとか、そういうのじゃないんだ……。でももう、必死に妻なんか演じる必要はない。ぼくから自由になればいい。ぼくもきみから自由になる。もうこれからはお互いにしばられずに、別々の人生を歩んでいこう。子供の養育費はきちんと送る。生まれて来る子供だってぼくたちにはさまれて育つより、きみひとりと暮らしたほうがのびのびと育つだろう。だからもう……」

「そんなにその人のことがいいの？」

「違うんだ……」

ぼくはきみから目をそむけたまま叫んだ。

「とにかくきみから離れて生きたいだけなんだ！」

きみの手から指輪が落ちて、歩道橋の上を転がった。

次の瞬間、きみはワッと泣いて、歩道橋の上にしゃがみ込んだ。

その二日後にきみは流産をした。

∞

母体を助けるためには、胎児のいのちを犠牲にしなければならなかった。

きみの身体も、もう子供を作れる身体ではなくなっていた。

ぼくはすべて自分の責任であることを自覚して、手術後にまだ眠っているきみの枕元で、じっときみの意識がもどるのを待っていた。


きみが目を覚ましたとき、病室にはすでに夜の帳《とばり》が降りはじめていた。

きみは、自分とお腹にいた子供に何が起きたかを、すぐに理解したようだった。

きみは長い間一言もしゃべらずに、ただ声を潜《ひそ》めてすすり泣いた。

ぼくが思い出す限り、今まで泣いた中で、もっとも苦しそうな声を上げて、きみはすすり泣いた。

だいぶたってから、きみは消え入りそうな声でつぶやいた。

「ごめんね、せっかく授かったいのちを、この世界に生まれさせてあげられなかったね……。女として失格だね……」

ぼくは何も言わずにきみの手をただ握りしめた。

「わたしね、長い間必死に『完璧な妻』を演じていたような気がするの。それがしあわせの証《あかし》だとかたくなに信じてね……」

きみの手をぼくは少しだけ強く握りなおした。

「でも結局はあなたを失いたくない、っていう『恐れ』の証でしかなかった……」

きみは言葉をひとつひとつ選ぶように話しだした。

「つらかったわ……。自分がとても嫌だったし、孤独だった。寂しかったの。ただただ、ひとりになるんじゃないかって、いつもとても寂しかったの。でもきっとその恐れが現実をひきよせてしまったのね。あなたをしばり、わたし自身もがんじがらめにしばり……。

生んであげられなかったあの子が、わたしにそれを教えてくれたような気がする……。本当のわたし自身にもどりなさいって、あの子が今、天国で言ってくれているような気がするの……」

そう言ってすすり泣きつづけるきみの手を、ぼくは何もできずに、ただ強く握りしめた。

「ぼくのほうこそ、長い間、『本当のきみ』から目を伏せていたような気がする……」

ぼくは小刻みに震えているきみのうなじを見つめながら、そっと語りかけた。

「きみに善かれと思う一心で、今までぼくは仕事に脇目も振らず打ち込んできた。人並み以上の地位や生活を手に入れて、それだけがぼくらのゴールだと信じていた。でも……」

きみは窓の外を見ながらじっとぼくの言葉を聞いていた。

「きみが妻として完璧になっていくにつれて、ぼくは現実というものをどこかとても窮屈《きゅうくつ》に感じだしたんだ。そのうち、見えない鎖をがんじがらめに身体に巻きつけて、その解き方すらわからずもがいていた……」

月明かりがきみのうなじをうっすらと白く照らしていた。

「きみからも、自分自身からも、必死に逃げていたのはぼくのほうだって、今やっとわかったような気がする……」


きみは窓からゆっくりぼくのほうへ向きなおると、透きとおるような瞳でぼくを見た。

ぼくははっとした。

きみ自身の涙が、きみのつけていた仮面をどこかにきれいに溶かし去っていったかのように、『完璧な妻』を演じていた、神経質そうな表情はまったく消えていた。

仮面が溶けたあとには、どこか遠い古代の少女にもどったような、きみのいたいけな素顔がはっきりと見えた。

まだぼくらが、欲望も、憎悪も、虚栄も、ヒトを傷つける言葉すらも知らなかったころ、はじめて出会ったきみがぼくを最初に見てくれたときのような、そんな表情だった。

それは、ぼくにとってかけがえのない、本当の、まさに本当の、きみ自身の姿だった。


「もういいのよ。もう、わたしのことはいいから、あの人のところへ行ってあげて」

「だめだよ。もうきみのそばを離れられない」

きみの両手を、精一杯のやさしさを込めて自分の両手で包んでから、ぼくは言った。

「もうどこへも行かない。ずっと、ずっと、きみのそばにいる。もしきみがすべてを許してくれるのなら……」

窓からはいつのまにか下弦の月が見えていた。

月の光はすべてを知っているかのように、やさしげにきみの頬をつたう涙を照らしていた。

窓のすぐ外には、かなり前から一羽の黒い蝶がひっそりととまっていた。

このとき、ぼくらはその蝶にはまったく気づかなかった。

蝶はぼくらのとても静かな会話の一部始終を、最後まで聞き届けていた。

そして仮面をはずしたぼくらがおだやかに見つめあっているのを確認してから、音もなく窓の側を離れると、どこかへひらひらと飛び去っていった。

シーンⅤ……現代・パート3

それから数年もたたずに、ぼくはきみのもとを離れなければならなかった。

自分の死の直後、ぼくは自分の身体が横たわっているのが眼下にはっきりと見えた。

自分が純粋な意識だけになっているのを感じた。

おだやかな気持ちだった。

すべてを受け入れていた。

そして一番気になっているきみのことを想った途端、ぼくはきみのそばへと瞬間移動をした。

まだ、何も知らないきみが眼下に見えた。

静かな冬の夜だった。

きみは部屋でソファに座って編み物をしていた。

白い毛糸のセーターだった。

もうすぐ来るクリスマスの、ぼくへのプレゼントらしかった。

夜が更けて日付が変わりかけたころ、セーターが編み上がった。

ぼくがすごく欲しがっていた、白い丸首のセーターだった。

きみは静かにそれを広げて最後のチェックをしてから、丁寧にたたみはじめた。

きみの心の中の独り言が聞こえた。

「何年も一緒に住んでいて、今になってわたしがあなたに手編みのセーターを編むなんて、きっとあなたはまったく予想してもいないわよね。今度のクリスマスには、精一杯あなたを驚かせるわ」

ぼくはクロゼットの上にあったテディ・ベアをちょっとずらして倒した。

きみに出会った最初のクリスマスに、ぼくがプレゼントしたテディ・ベアだった。

きみがそれに気づいた。

「何で急に倒れたの……」

きみの表情が少し曇った。

その瞬間、電話が鳴った。

ぼくの友人が、きみにぼくの突然の事故死を告げた。


真夜中の霊安室でぼくのなきがらに対面しても、きみは、泣かなかった。

顔面は蒼白《そうはく》だったが、一滴の涙もこぼさなかった。

そして家を出るときにとっさに持ってきた、編み上がったばかりのセーターを、もう二度と動かないぼくの上半身にそっと被《かぶ》せた。

きみは消え入りそうな小さな声で言った。

「少し早いけど、メリー・クリスマス……」

そして、きみは必死に微笑を作ろうとした。

震える唇を噛みしめ、あふれそうになる涙をこらえながら、きみはほんの一瞬だけ微笑むことに成功した。

その美しい奇蹟のような一瞬の微笑を、ぼくは自分の意識にしっかりと焼き付けた。

きみのこころの中が、痛いほどわかった。

ありがとう、こころからありがとう、きみの姿を見ながらそう思った。


数時間後にきみは、ぼくがもう二度と帰ることのない部屋に、ひとりもどってきた。

意識だけになったぼくは、ずっときみのそばにつきそっていた。

きみは電気をつけると、部屋を静かに見回した。

クロゼットの上のテディ・ベアは倒れたままになっていた。

その隣の小さなフォトフレームの中では、今年の夏休みに旅行した海外の海辺で、ふたりが楽しそうに並んで微笑んでいた。

フォトフレームのすぐ下には、そのときふたりが浜辺で拾った巻貝がふたつ、仲のいいつがいのように並んでいた。


きみはソファに倒れ込むように横になった。

ソファの端には白い毛糸の残りと編み棒が、きみが家を飛び出したときのまま、ぽつんと残されていた。

それを見た途端、きみははじめて声を上げて泣いた。

小さくなっていた白い毛糸の玉を両手で握りしめながら、堰《せき》をきったように、きみは泣きつづけた。

ぼくはもう肉体ではなくなった意識の手で、震えつづけるきみの肩をそっと抱いた。

ぼくはここにいる。

きみをいつまでも見守っている。

きみがそのうちこの人生を終えるとき、必ずぼくが迎えに来よう。

だから、残りの人生を精一杯生きて。

ぼくの分まで、精一杯生きて、しあわせをつかむんだ。

あふれ出るしあわせをまわりの人たちに分けてあげられるくらい、しあわせになって。

限りない愛にいつまでも包まれていて。

きみを見守っているから。

何があってもしっかりきみを見守っているから。


ソファに横になって白い毛糸の玉を握りしめたまま、だいぶ時間がたってから、きみはやっと寝息を立てはじめた。

きっとまたもどってくるから。

いつでもきみがぼくを必要なときに、きみのそばにもどってくるから……。

朝の陽の光が冷えたきみの頬をあたためはじめるのを確認してから、きみのそばをぼくは静かに離れた。

∞

ぼくの意識が窓の外へ出ると、真冬だというのに黒い羽の蝶が、きみの部屋の窓を見守るように飛んでいた。

肉体から去ったぼくはひらひらと舞う蝶とともに、しばらくの間、空へ向かって飛びつづけた。

蝶はその間、まるでぼくの魂によりそうかのように舞いながらついてきた。

かなり上空まで来たとき、ぼくは蝶に言った。

「きみにはぼくがわかるんだね」

蝶はひらひらとぼくによってくると、ぼくの意識が作ったぼく自身の身体の、透きとおった手の甲にとまった。

ぼくは上に上るのをやめて、手にとまった蝶をしばらくの間じっとながめていた。

数十分たったころ、ぼくは静かに蝶に告げた。

「一緒にいてくれてありがとう。でもそろそろ地上へもどっておいき。そして、しばらくの間彼女を見守っていてほしい」

蝶は数秒間じっとしていたが、やがてすっと音もなくぼくの手から離れると、きみのいる地上へとひらひらともどっていった。

シーンⅥ……未来・パート1

世界中に緑に囲まれた大地が見える。

広大な森の広がる山のふもとにぼくらは暮らしている。

ヒトは科学万能の時代をとうの昔に終え、自然との調和の時代を迎えている。

ひとつの都市のそばには必ず広大な森があり、季節になると夜に天然の蛍《ほたる》が舞う小川まで流れている。


すでに国という概念はなく、貨幣経済はもう遠い過去のものとなっている。

世界各地にさまざまな人種が集まってコミュニティを作って暮らし、必要なものを必要なだけ作り、必要なときにのみ使用する社会になっている。

資源はほとんどが循環され、再利用されている。

高齢者は特別大切にされ、家族と離れて暮らす年寄りはほとんどいない。

無限ともいえる宇宙エネルギーがすべての動力源で、その涸《か》れることのない資源を発見したとき、ヒトは所有ということが本来必要のないものであることを悟った。消費という概念はもう消えていた。ヒトはそれぞれの職業というかたちの役割分担をしていたが、その対価は「感謝」の想いを伝えあうということだった。本来の循環型社会がもどってきていた。すべては涸れることのない宇宙エネルギーの循環によって作られていた。

きみとぼくはふたりいる子供たちが学校の主催する宇宙旅行に出かけている間、久しぶりにふたりきりで、旅に出ていた。

森の中の泉のほとりで、きみはひらひらと華麗に舞う黒い蝶を見つけた。

蝶はきみのそばへ飛んでくると、数分の間ひらひらひらときみのまわりをまわっていた。

「あの蝶はわたしたちが記憶の底に秘めている悲しみを知っているような気がするわ」

ぼくは突然そう言いだしたきみの横顔を見つめた。

「ねぇ、遠い昔、どこかで世界の終わりがあって、そこにふたりがいたとしたら、あなたは最後にわたしを死ぬまで抱きしめていてくれたかしら?」

「もちろんさ。きみのために、子供たちのために、そしてずっとつづいていくいのちのために、世界はきっと終わらない。仮に今見えている世界が終わってしまっても、何度でもヒトは自分の愛する者たちのために世界をゼロから作り上げるだろう。でも何だって突然そんなことを聞くんだい?」

きみは少しだけ沈黙してから言った。

「怖い夢を見たの」

ぼくは黙ってきみの話を聞いた。

「それはまるで遠い昔に体験したことがあるような、はっきりしたビジョンだったの。ある晴れた静かな朝だったわ。高いバベルの塔のような五百階建て級の超高層マンションが立ち並ぶ都市にわたしたちが住んでいるの。たぶんそれは休日の朝で、わたしたちは四百階くらいの角部屋の寝室で、普段より少し遅くまで寝ているの。突然とてつもない轟音《ごうおん》と地震の揺れに目覚めたあなたとわたしは、かろうじてレースのカーテンを開けて窓から外を見たの。

今まで見たこともない巨大な波が遠くからこの都市を襲おうとしているのが見えた。

五百階建ての超高層マンション群をはるかに凌駕《りょうが》するくらいの高さの波が、一瞬にしてわたしたちの住んでいた都市を飲み込もうとしていたの。

目の前の光景がとても信じられなかった。衛星TVのニュースを聞く暇さえなかったわ。波は明らかに地球上のエネルギーの異変からできたものだったけど、ふたりにはその原因など知る由《よし》もなかったの。

ふたりどころか、世界中がまったく予知していなかったみたい。

わたしたちはそのとき、そこそこの人生の成功者だったみたいだけど、最後の瞬間においてはそんなことは何の役にも立たなかった。

わたしの身に着けていた高価なジュエリーも、何着もあるブランド製の服も、世界各国から集めてきた貴重な調度品も、あなたの何台かあった空を飛べる高級車も、この最後の瞬間においてはすべてがらくたも同然だった。あなたもそれまで見たこともないような蒼い顔をしていて、かろうじてわたしに言ったの。

『何が起こったのかわからないけど、あと数分でぼくたちがこの世界から消え去るのは確実みたいだ』

最後の瞬間にあなたにできたことは、ただただきつくわたしを抱きしめてくれることだけだった。

『きみと出会えてよかった。心から、ありがとう。本当に出会ってくれてありがとう』とあなたは言ったの。

『ふたりで死ねるのなら、何もこわくはないわ。あなたと会えて本当によかった』

わたしはかろうじてそう言ったわ。

『きみのことは忘れない。死んでしまっても、きっと忘れない』

『わたしもあなたのことは忘れないわ。永遠に』

そしてわたしたちはシーツでふたりの身体をしっかりと結びつけた。波の中で身体が離れ離れになっても、魂と魂が迷わないように。最後の瞬間、なぜかそう祈ったの。

そして巨大な波はその都市のすべてを破壊しつくし、跡形もなくきれいに破壊し、流し去った。都市があったはずの場所は、ところどころ巨大な海水の湖があるだけで、文明の痕跡は何もなくなっていたわ。太陽の光が水溜りに映え、きらきらと輝いていた。静かな創生期にもどったような大地の上、あなたとわたしが住んでいた巨大なマンション群があったあたりを、今見ている蝶と同じような一羽の蝶が、ひらひらと静かに飛んでいたの」

話し終わったきみは、あまりにも鮮烈な夢のビジョンからまだ抜け切れないように、少し身体を震わせていた。

十年以上も連れ添ったきみのうなじの線を、あらためて美しいと思った。

はじめてきみと会ったとき、やはりきみのうなじを見て、同じように美しく感じたことを思い出した。

蝶はそんなぼくたちを静かに見届けると、広大な森のどこかへと消えていった。

ふたつめのインタールード（間奏曲）……

「わたしはなぜ生まれたのだろう。
なぜ今ここにいるのだろう。
なぜわたしはこんなに傷ついているのだろう。
なぜ世界中に傷ついた心がこんなにあふれているのだろう。
そして人はいつまで互いを傷つけあうのだろう……」

きみは自問自答をつづけている。今までのどの人生よりも真剣に。
きみの旅はいつもその疑問からはじまって、いつでもそこへもどっていく。

あのとき、未来のきみは、今のきみ自身を見守っていた。
そして、未来のきみは遠い過去の自分自身である今のきみに、や

宇宙は無限で、時間も空間も
超越している世界だ。
宇宙はすでに調和をしている。
創造という無限の変化があるだけだ。

さしくメッセージを送った。

「だいじょうぶ、あなたはだいじょうぶ。

すべてがうまくいくわ、だからくじけないで。

あなたはあなたのままでいいのよ。

魂のレベルでは誰もあなたを縛ることはできないし、裏切ることもできない。

あなたはひとりじゃない。

いつでも見守られているわ。

あなたと縁のあるすべての魂があなたを見守っているの。

だから、たとえ砂漠にひとりでいても、都会の喧騒《けんそう》のなかで自分を見失いそうになっても、世界中を敵にまわしたように思えたとしても、あなたは決してひとりじゃないわ。

そして、未来の『あなた自身』であるわたしも、ここからあなたを見守っているの……。」

∞

きみと同じ時代を生きた、ぼく自身の傷ついた姿が見える。

その頃のぼくは心の傷をもてあまして、何度きみを悲しませたことだろう。

また、きみの心の痛みに触れ、それをどうすることもできないぼく自身を何度責めたことだろう。

ただ一度の人生でなく、何度も何度も生まれ変わっては、その前の人生で果たしえなかったことが完全に成し遂げられるまで、数限りなく繰り返すことになる。

最後、ふたりが地球を離れるときが来るまで、ふたりのこころのドラマはさまざまなかたちをとって繰り返されていく。

∞

今きみが直面している世界は、さまざまなかたちの「破壊」をまだ人間がしつづけている時代にある。

それは戦争や犯罪といった集団レベルの破壊だけでなく、個人のこころの中も同じ状態にある。

きみもぼくも、まだ自分の意識の深いふちで、さまざまな破壊行為を繰り返している。

ヒトはまだ、自らのこころを何らかのネガティブな意識で傷つけて破壊してしまう。

そして次の瞬間には、その割れてしまったこころのかけらを手に取って途方にくれている。

何でこんなことをしてしまったのだろう、と思いながら。

たとえば、ある人生で、きみがぼくのもとから去ったあと、ぼくはきみとぼくが写った写真の入ったフォトフレームを叩き割った。

そして、すぐあとで割れたフレームのガラスを集めながら、割ってしまったのは自分の「こころ」だと気づく。

それは何の答えももたらしてくれなかった。

深い孤独感と焦燥感が残った。

それが消えるまでには、その人生の中では長い時間がかかった。

その人生ではもう二度と会えないきみを想って、どこかでしあわせになっていてほしいと、素直に祈れるようになるまで。


破壊は答えでは決してない。

誰しもが破壊が究極の解決ではないことに気づく。

その時代がすぐそこまで来ている。

創造のみが宇宙の自然の流れなのだ。

破壊は創造のプロセスのほんの一部でしかない。

それを理解していれば、きっと乗り越えることができる。

ヒトが自ら作り上げた試練、そのからくりをきっと誰もが気づきはじめる。

∞

ヒトは今恐怖という概念と戦っている。

限りある資源、限りある名声、限りある富、限りある正義……。

限りあるものを失うという恐怖。

有限なるものを幻想として作り上げ、それを奪いあおうとすることから恐怖が生まれる。

ヒトにはまだ本当の宇宙の姿は見えていない。

あらゆる恐怖が消え去らない限り、本来の宇宙はその姿を現さないからだ。

宇宙は無限で、時間も空間も超越している世界だ。

SF映画でよくある宇宙から何かが攻めてくる発想は、今の時点のヒトの意識を宇宙に投影したものにすぎない。

時間も空間も超越した存在にとっては、創造しか存在しない。

破壊も略奪もヒトの作り出した概念にすぎない。

宇宙はすでに調和をしている。

創造という無限の変化があるだけだ。

∞

きみはその恐怖の充満した世界で、自分を迷える子羊のように感じているかもしれない。

でもその恐怖ですら、無限の創造のプロセスのほんの小さなスパイスにすぎないのだ。

信じることは恐怖を克服することからはじまる。

ヒトは自らそのプロセスを選んでいる。

何かを克服して、さらに大きな何かをつかみとる創造のプロセスを、ヒトは自ら選び取っているにすぎないのだ。

そのプロセスの中で、きみもぼくも、万華鏡のようにつづく現実という夢を見つづけている。

∞

どの人生においても、ぼくはきみを探しつづけた。

きみもぼくを探しつづけた。

目の前にいないときはもちろん、目の前にいるときでさえ、抱き合っているときでさえ、お互いの本当の姿を常に探しつづけた。

お互いがそれぞれ自分自身を、常に探しつづけているのと同じように。

∞

ただひとつ確かなことは、この星を去るとき、最後に地上でぼくはきみとめぐりあう。

どんなに離れていても、ふたりは必ずきっとめぐりあう。

そしてそれは、それまでの無数の人生での出会いとは、まったく違っている。

ヒトはそのとき、この星での学びが終わりを迎えることを悟る。

最後にこの星で過ごしたすべての記憶を思い出す。

まるで時空を超えた長編映画を見るように。
氷河期を生き延びるために部族と部族が争った時代があった。
権力を握るためには親兄弟を平気で殺《あや》めた時代があった。
信仰の正しさを証明するため、宗教と宗教が殺しあった時代があった。
国の善と悪の争いで、何万ものいのちが犠牲になった時代があった。
そうやって、いくつもの文明が生まれては滅んだ。
同じサイクルをヒトは何度も繰り返した。
そして、加速度的に増えつづけるカルマは、ある時点で飽和点を迎える。
自分たちは一体何をしてきたのか、ヒトはある時点から自問自答をしだした。

誰もが家族のしあわせを祈っているのではなかったか。
誰もがこの世界の調和を祈っているのではなかったか。
誰もが地上にユートピアを築きたいと思って生まれてきたのではなかったか。

ヒトが本来の自分自身の姿に気づきだすときがきっと来る。
すべての孤独が、すべての悲しみが、ひとつ、またひとつ消えていく。
ある転生で殺しあった魂たちが、次の転生では一緒に砂漠に木を植えていった。
世界を敵にまわした魂たちが、次の転生では世界を結びつけていった。

地球に集まったすべての魂たちが、お互いの魂の旅を称《たた》えあい、祝福しあうときが来たのだ。

地上にいる魂たちも、それを見守る魂たちも。

ヒトだけでなく、すべてのいのちが喜びを分かちあった。

誰もがこの日が来るのを待っていた。

誰もがこの日が来ることをかたく信じていた。

それでも何度もくじけそうになった。

何度も自信が揺らいだ。

実際、何度も文明が生まれては消えた。

しかし、最後のひとりにいたるまで、ヒトがこの日が来るのを純粋に信じることができたとき、ヒトのこの星での「学び」が終わる。

「希望」という二文字の余韻を残して。


そして、その映画はエンドマークを迎え、記憶の画面が消える。

その瞬間、きみはぼくを見つけ、同時にぼくはきみを見つける。

すべての魂たちが、探していた片割れを一瞬にして見つけ出すのだ。

一秒の誤差もなく、まったく同時に。

そしてその瞬間、この星を去るべきときが来たことに気づくのだ。

この星をステージにした、とてもとても長い舞台劇の公演が終わったことに、突然気づくのだ。

もうぼくたちは孤独ではない。何も恐れてはいない。

欲しいものは何もない。失うものも何もない。

きみと本来の意味で出会えたという事実だけで、もう他には何もいらないと思うだろう。

そしてふたりそろってこの地上を、この星を離れるのだ。

∞

それはあるとき突然やってくるだろう。

すべてのめぐりあうべき「ふたり」がこの星で出会うときなのだ。

世界中どこにいても、どんなに離れていても、瞬時にふたりの意識が通じ合う。

三百億の魂の光のペアがこの星を取り囲み、地球はひとつの大きな光となって、次元を超えて輝くだろう。

そしてその光は遠い銀河のかなたにまで届くだろう。

宇宙の隣人たちはこの日が来ることをすでに知っていて、それぞれの星から祝福の意識を地球に送るだろう。


そのあとは別の星、そしてまた別の星と、ぼくたちは無数の星を巡る旅をつづけていく。

そして別の銀河、別の次元へとさらに旅をつづけていく。

すべての魂たちがたどる道を、迷うことなくぼくらもたどってゆく。

最後の至高の瞬間が訪れるまで。

シーンⅦ……未来・パート2

きみとぼくは地球を離れる直前のときを迎えている。

地球に集まった三百億の魂はすべて、何度目かの次元上昇を無事終えて、もはや肉体を持つ魂はなかった。

すべての魂がすでに互いのペアを見つけ、地球の上空を自由に飛びながら、三百億の同胞の魂たちと祝福と感謝の意識を送りあっていた。

誰もが主演の長いようで短かった舞台劇が終わり、すべての魂が互いにカーテンコールを送りあう瞬間だった。

地球のまわりに三百億の魂の喜びと希望の波動が、大きな輪のよ

三百億の魂の光のペアが
この星を取り囲み、
地球はひとつの大きな光となって、
次元を超えて輝くだろう。
そしてその光は
遠い銀河のかなたにまで届くだろう。

うになって取り巻いていた。

地球という星が生まれて以来、もっとも神聖でもっとも美しい祭典だった。

それは地球がこの上もなく美しく輝く瞬間で、壮大な銀河系の中のスペクタクルだった。


三百億の魂はひきつづきペアの魂のまま、次に過ごすことになる別の星へと旅をつづけていく。

地球の魂であるガイアは、すべての魂が去るのを見届けてから、自ら飛躍的な次元上昇を行い、地球という星の身体を脱ぎ捨てる。


きみはガイアに感謝の波動を送った。

「ありがとう、ガイア。宇宙という永遠の故郷の中の、美しい女神。あなたに守られて過ごした時を、わたしは決して忘れない……」

ガイアは何も言わず、三百億の魂の喜びの波動を感じながら、ただ静かに微笑んでいた。


地球から離れる直前、きみは言った。

「最後にしておきたいことがあるの」

きみは自分の魂の一部から、きみの分身ともいえる無数の美しい蝶を作り出した。

そしてきみは過去に生きるすべてのぼくたちのもとへと飛んでいくよう祈りをこめて、その無数の蝶を宇宙にはなした。

「さぁ、行きなさい。過去のすべてのわたしたちのもとへ。わたしたちが生きたすべての過去へ。そしてわたしたちの出会いと別れをしっかりと見守っていて……」

無数の蝶は一羽一羽がすでに行き先を知っているかのように、時空を超えて思い思いの過去へと飛び去っていった。

ぼくたちがめぐりあった蝶は、すべてきみ自身だった。

第3部　「再　生」

第7楽章　アダージョ・ディ・モルト　～極めてゆるやかに～

今、ぼくは未来のきみから遠く離れて、たったひとりでいる。

ぼくと未来のきみは広大な宇宙空間で遠く離れ離れになって、魂の賭けともいえる別々の旅をしている。

それは、お互いの「星」を探す旅だ。

この宇宙には、ひとつひとつの魂を投影した星がどこかに必ず存在する。

逆にいえば、あらゆる星は誰かの魂の似姿なのだ。

今のきみがいるこのガイアという星も、宇宙のかなたに存在する、ある進化したひとつの魂を投影している星だ。

そしてガイア自身も、ちょうどきみとぼくとがそうであるように、ある遠い星の魂とツインの存在なのだ。

きみとぼくは離れ離れになって、お互いの星を探しに行くという旅をはじめた。

まったく手がかりを持たないまま宇宙の果てと果てに離れてい

き、お互いの星を求めて別々の次元を旅していくのだ。

きみとぼくがひとつの光から分かれたかけがえのない存在である以上、必ずどこかでお互いの星にめぐりあうことができるだろう。

そして、お互いの星をふたりが同時に見つけ出した瞬間、どんなに離れていてもふたりの意識が通じあい、瞬時に次元や空間を超えてめぐりあえるのだ。

でもぼくらはお互いの意識の波動をいつでも自由に合わせられるほど、今はまだ進化していない。

だが、すべての魂たちは一秒たりとも休むことなく進化をつづけていく。

そして、ぼくの意識の波動が「きみの星」の波動に寸分の狂いもなく一致するとき、「きみの星」を必ず見つけ出すことができる。

そのためには意識の波動を限りなく透明な状態に昇華させていかなければならない。

その意識の旅はこれからもまだまだつづく。

この別々の意識の旅をはじめる前、きみはぼくに聞いた。

「ふたりの意識がいつか同時にぴったりと重なって、お互いの星を見つけ出せることを、本当に信じられる？　そしてその瞬間どの次元にいても必ずめぐりあえると、純粋に信じられる？」

「信じられるよ。心から」とぼくはためらいなくきっぱりと言った。

「わたしも会えると信じるわ。だからこそ、ふたりが離れ離れになる究極の旅をはじめてみたいの」

ぼくたちの前には次元と次元をつなぐ巨大なブラックホールがぽっかりと口を開けていた。

その果ては暗黒の「無」の世界だった。

「わかっている。それに何よりも、きみという存在を信じている」

「わたしもあなたという存在を信じるわ」

ぼくたちは別れの前に、ヒトの姿にもどって見つめあった。レトロな姿ではあるけれど、互いが互いであることを、よりクリアなかたちとして確かめるために、ふたりはヒトの姿になるのが好きだった。

「わたしのことを思ってくれるのなら、ひとりでいるときに過去のわたしへ何らかのメッセージを送ってあげて。目覚める前のわたし自身へ、今のあなたのメッセージを届けてあげて。わたしも過去のあなたへメッセージを送るから。いつまでも信じているというメッセージをきっと送るから」

「約束する」

「さあ行って。わたしの波動をまったく感じることのできない、で

最後は「永遠の二分の一」
ともいうべき、
ふたつの光の意識体になって、
宇宙を満たす調和のハーモニーを
ふたりで奏でよう。

きるだけ遠くの次元へ行ってみて」

ぼくは、宇宙空間に静かにたたずむ意識体のきみから離れ、遠い次元のかなたへと瞬間移動をすべく、ブラックホールに向かって飛び込んでいった。

何重もの次元のトンネルを抜けると、そこはまったくの無の空間だった。

他の意識体の存在はまったく感じられなかった。

星すらまったく存在しなかった。

暗黒の、何もない空っぽの空間に、ただひとつ自分という意識が浮かんでいた。

これからブラックホールの強力な磁場から抜け出すため、自分の意識の波動をじょじょに上げ、限りなく透明な状態に変えていかなければならない。

意識の波動が高まると、その意識に応じた次元にシフトしていき、そこに存在する星がじょじょに見えてくるだろう。

そして、まったく別の次元にいるふたりの意識が「お互いの星」に、瞬間的にぴったりと合わさるまで、旅はあてどなくつづく。


ぼくは今、この「無」の世界にいて、たったひとつの存在になっている。

でももはやぼくは孤独ではない。

きみと必ずどこかでめぐりあえるという強い確信があるからだ。

そして、今はこうして遠い過去のきみに、このかたちあるメッセージを送っている。

同時に過去の、現在の、そして未来のすべての「きみ」という存在に、ぼく自身の全身全霊をこめたこころからの祈りを発している。

その祈りは時間を超えて、空間を超えて、次元を超えて、それぞれの人生を送るそれぞれのきみにいつか必ず届くだろう。

どこか想像を絶した遠くの次元では、未来のきみが過去のぼくに何らかのかたちで同じようにメッセージを送りつづけているかもしれない。

意識の波動があるとき完全に一致して、再び宇宙のかなたでふたりが出会える瞬間まで。

そして再び出会えた瞬間、また地球で過ごしたときのヒトの姿になって、宇宙という羊水の中で、いつまでもいつまでもきみを抱きしめていよう。

そして、そのあと、ふたりがはじめてかたちを認識したときのように、ふたつの星になっていつまでも見つめあおう。

最後は「永遠の二分の一」ともいうべき、ふたつの光の意識体になって、宇宙を満たす調和のハーモニーをふたりで奏《かな》でよう。

ぼくらと同じ、宇宙中のペアの光の意識が、きっとぼくらの奏でるデュエットに静かにコーラスをつけてくれるだろう。
そうやって、すべての魂がたどる道を、ぼくらも間違いなくたどってゆくのだ。

第8楽章　シレンツィオ　～静寂の中で～

ここから先は、今ぼくが存在する次元よりもはるかに上層の次元、きみのいる次元の時間の概念でいうなら、はるかかなたの未来の記憶になる。

もっともそれは前にも言ったように、無限にある未来の記憶のうちの、ほんのひとつの場面でしかない。

そして、すべての魂がたどるそれぞれの道の中で、ふたりが作り出すほんの一瞬のシーンでしかないのだけれど……。


遠い未来、そしてどこかはるかかなたの遠い次元の話。


そのときぼくたちの魂は無数の次元上昇のあとで、この上もなく精妙な光の波動でできたふたつの意識体にもどっている。

大きさのない、時間の概念もない宇宙に、限りなく創造の光に近いふたつの意識体にもどったふたりが存在している。

宇宙はふたりを包み込むようにとても静かで、とてもやすらかだ。

地球の表現で言えば、まるで羊水の中にいるみたいに。


長い旅であり、あっという間の旅だったかもしれない。

ひとつの小さな星に滞在した記憶の中ですら、無数のいのちとして生まれ変わった記憶が存在する。

めぐりあったすべてのいのちとの思い出が、無数にある。

さまざまな星での、さまざまな記憶。

そして、さまざまな宇宙での、さまざまな記憶。

そして、さまざまな次元での、さまざまな記憶。

無限そのものといえるほどの記憶の連鎖のすべてを、ぼくたちは一瞬で思い出す。


もうすぐひとつにもどるときが来るね、とふたりは同時に思う。

最後に何かの姿になりたい？　とぼくはきみに聞く。

わたしたちの魂がすごく若かったときの、あの美しい星の、ヒトといういのちの姿になりたい、ときみがぼくに応える。


ふたりは再び意識の力で一瞬にして、あの星のいのちとして生きたときの「男」と「女」の姿になる。

あの星のいのちとして生まれ、無数の人生の数だけ何度もめぐりあったときのように。


そして瞳と瞳で見つめあう。

手と手を合わせてみる。

互いの頬を両手で触ってみる。

最後にふたりは静かに抱きあってひとつになる。

郵便はがき

料金受取人払郵便

鎌倉局
承　認
6170

差出有効期間
2025年6月
30日まで
（切手不要）

248-8790

神奈川県鎌倉市由比ガ浜4-4-11

一般財団法人 山波言太郎総合文化財団

でくのぼう出版

読者カード係

読者アンケート

どうぞお声をお聞かせください（切手不要です）

書　名	お買い求めくださった本のタイトル
購入店	お買い求めくださった書店名
ご感想 ご要望	読後の感想 どうしてこの本を？ どんな本が読みたいですか？ 等々、何でもどうぞ！

ご注文もどうぞ（送料無料で、すぐに発送します）裏面をご覧ください

ご注文もどうぞ

送料無料、代金後払いで、すぐにお送りします！

書　　名	冊　数

ふりがな	
お名前	
ご住所（お届け先）	〒 郵便番号もお願いします
電話番号	ご記入がないと発送できません

〈 ご記入いただいた個人情報は厳重に管理し、ご案内や商品の発送以外の目的で使用することはありません。 〉

今後、新刊などのご案内をお送りしてもいいですか？

はい・いりません

マルしてね!

ふたりが感じるものは、お互いの魂の「絶対温度」だ。
それはあの星にいたころ、ふたりが求めたいのちのぬくもりに似ている。
なつかしさという温度……。

きみの瞳から涙がこぼれる。
不安ではなく、安寧《あんねい》の涙。
後悔ではなく、すべてに満たされた涙。
悲しみではなく、浄化の終わりの涙。

そしてその涙は宇宙空間へ無数の光の結晶となって流れ出ていく。
それは無限の光の帯に変わって、永遠のかなたへと消えていく。
時を超えて、未来へ、過去へ、すべての宇宙、すべての次元へと、
きみの涙は静かに流れていく。

時を超えて、未来へ、過去へ、
すべての宇宙、すべての次元へと、
君の涙は静かに流れていく。

そっと夜空を流れていくきみの涙を、過去のぼくが遠いどこかの星で見つけたかもしれない。

別の遠い星で幼いきみがひとりでいるとき、それを流れ星として見たかもしれない。

また、他のもっと遠い星で、再びふたりが出会ったとき、はじめて一緒に空を見上げて、そのかすかな輝きを見つけたかもしれない。

きみの涙のいく粒かは遠い過去の地球に届いて、あるときは小さな水晶に結晶した。

そして、古代にいのちを授かったぼくはその小さな水晶のかけらを見つけるのだ。

そしてきみに出会ったときに、ぼくはその水晶のかけらをきみに渡したのだ。

それははるか遠い未来のきみの涙が、過去のきみ自身に届いた瞬間だった。

時間を超え、空間を超え、次元を超え、きみの涙の光はそれぞれの瞬間を過ごしている、きみ自身とぼくに必ず届いていく。


そしてぼくたちはとてつもなく美しいビジョンを見る。

それはきみとぼくが今までに体験したすべての「いのち」の想い出を紡ぎだしたタペストリーのような映像だ。

永遠ともいえる、遠い過去にふたりがたったひとつの光から分かれ出て以来、ふたりが歩んできたありとあらゆる想い出を、一瞬にしてすべて追体験する。


ふたりはお互いの長い旅路の体験を一瞬にして共有する。

どんなにささいな喜びも、どんなにかすかな悲しみも、何もかも。

そこには無駄な瞬間は一瞬たりとてなかった。

どんなに小さな瞬間もふたりの魂の浄化のプロセスの中で、かけがえのない意味を持っていた。

きみとぼくというふたつの意識が、経験しうるすべてがそこにあった。

第9楽章　コーダ　～すべての終結、そして……～

そしてついに「そのとき」が来る。
きみとぼくはヒトの姿から、ふたつの光の姿に静かにもどる。

ひとつにもどるときが来たね、とぼくは想う。
ひとつにもどるときが来たわ、ときみも想う。

ふたつの光がおだやかにゆっくりとひとつに合わさってゆく。
ぼくは、きみの中へ……。きみは、ぼくの中へ……。
ふたつの小さな太陽が合わさって、ひとつの大きな光に生まれ変わるように。

きみがぼくのすべてになり、ぼくもきみのすべてになる。
きみがぼくという存在に重なり、ぼくはきみという存在に重なる。

すべてがはじまりにもどる。

たったひとつの光にもどる。

宇宙に広がる無数の光の意識の中の、かけがえのないたったひとつのはじまりの光にもどる。

そしてぼくたちは、この宇宙のあらゆる存在のすべてとひとつになる。

無限に存在する「個」が意識をひとつにして、宇宙を満たすただひとつの光にもどる。

「ゼロ」であり「無限大」でもある、全体の光にもどる。

すべてがはじまりにもどる。
たったひとつの光にもどる。
宇宙に広がる無数の光の意識の中の、
かけがえのないたったひとつの
はじまりの光にもどる。

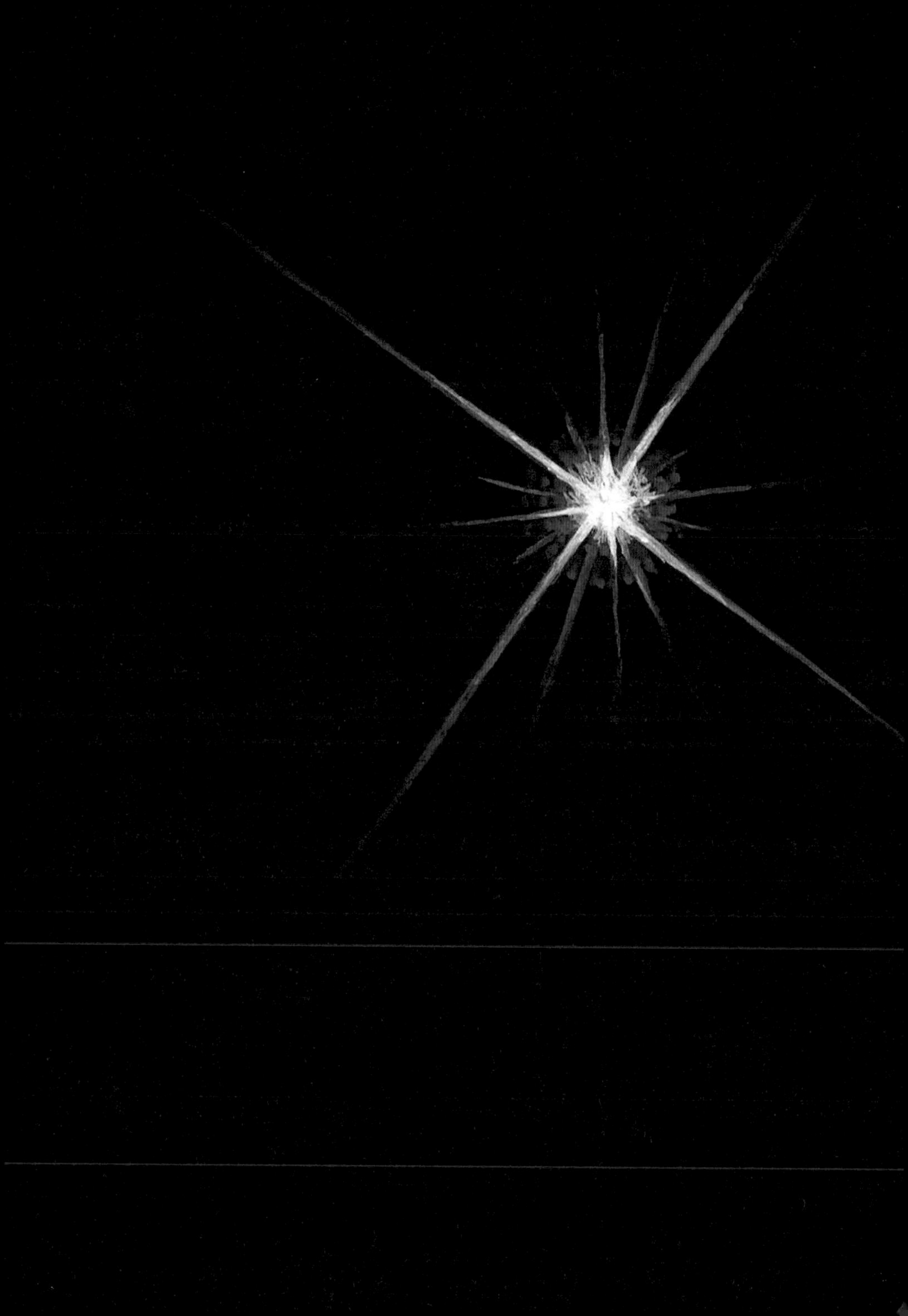

その瞬間、全宇宙、全次元に存在する無限大の数のすべての意識体と「想い出」を共有する。

それだけでなく「未来」も共有する。

ありとあらゆる次元に存在する、すべての意識体が、一瞬にして意識を通いあわせるのだ。

その瞬間、全宇宙がこの上もない美しさで光り輝くだろう。

同時に、すべての次元がこの上もない美しさで光り輝くだろう。

そして、宇宙全体が、存在し得るすべての次元全体が、ひとつの大きな交響楽を奏でるのだ。

全存在の意識がひとつになった、「喜び」という名の交響楽。

同時に無限の言葉があふれ出す。

宇宙に存在したすべての存在の、すべての想い出がひとつの大きな詩となって昇華されてゆく。

存在という名の詩が、今完成する。

そのとてつもない光の輝きは、遠い星の遠い過去、遠い未来、遠いどこかの場所で、離れ離れでいるきみとぼくの小さなこころに、きっと届くだろう。

さまざまな時、さまざまな場所、さまざまな星、さまざまな宇宙、さまざまな次元にいるぼくたちのそれぞれのこころに、しっかりと届くだろう。

砂漠の中でひとりいるぼくに、森の中で夜空を見上げるきみに。
通りを歩いているぼくに、窓から空を見上げるきみに。
洋上の船の上のぼくに、島の波打ち際にいるきみに、
星の間を迷っているぼくに、遠い星でぼくを待つきみに。
どこかの高度な次元にいるぼくに。別のさらに高度な次元で待つきみに。

必ず、いつかどこかで……。
実はその光はもうすでに、今のきみのこころの中に届いている。
そしてその光が、きみとぼくをこの上もなくやさしく包んでいるのだ。
きみとぼくがどこでどう過ごしていても、その光がふたりを見守ってくれている。
きみとぼくが永遠の時の流れの中の、どの瞬間にいようとも。
すべての魂を導く光は、その魂自身が発している光なのだ。

そしてその光は、次の瞬間に、まったく新しい「きみ」と「ぼく」を創造する。
今までとまったく同じ「きみ」と「ぼく」の意識を保ったまま、同時に今までとまったく違う、新しい「きみ」と「ぼく」という存在に生まれ変わる。

「ぼく」という新しい光が「きみ」という新しい光を認識する。

さあ、再び目覚めるときが来たよ。

「ぼく」という新しい光は精一杯のやさしさと慈しみと愛おしさをこめて、「きみ」という新しい光にそうささやきかける。

そして新しい「きみ」は意識の眼を開いて、新しい「ぼく」に静かに微笑みかける。

永遠という名の一瞬……。

すべてがまた、そこからはじまる。

十和音 響（とわね　ひびき）
1959年横浜生まれ。エンタテインメント・ソフト制作会社にて映像・音楽ソフトの企画・制作に携わり、長期の海外勤務を経て帰国後、ヒーリングミュージックのプロデュース等を手がける。その後、幅広く映像・音楽ソフト関連のビジネスに従事。ジャンルを超えてあらゆる音楽をこよなく愛し、この星の調和を切に願い続ける一地球人。

葉 祥明（よう　しょうめい）

1946年熊本県生まれ。1990年創作絵本『風とひょう』でイタリア・ボローニャ国際児童図書展グラフィックス賞受賞。1991年神奈川県北鎌倉に「葉祥明美術館」を開館。1996年『地雷ではなく花をください』で日本絵本賞読者賞受賞。1998年『森が海をつくる』が、第8回けんぶち絵本の里大賞びばからす賞受賞。数多くの作品が出版されている。

永遠という名の一瞬

二〇二三年 八月 二七日 初版 第一刷 発行

著者 十和音 響〔文〕
葉 祥明〔絵〕

発行者 山波言太郎総合文化財団

発行所 でくのぼう出版
神奈川県鎌倉市由比ガ浜 四―四―一一
TEL 〇四六七―二五―七七〇七
ホームページ https://yamanami-zaidan.jp/dekunobou

発売元 星雲社（共同出版社・流通責任出版社）
東京都文京区水道 一―三―三〇
TEL 〇三―三八六八―三二七五

印刷所 シナノ パブリッシング プレス

ISBN978-4-434-32547-2